JN412050

문해력 향상을 위한

하루 한 장 슬로리딩 3

문해력 향상을 위한
하루 한 장 슬로리딩 3

초판 1쇄 발행 2026년 1월 30일

지은이 김민정
펴낸이 이기봉
편집 좋은땅 편집팀
펴낸곳 도서출판 좋은땅
주소 서울특별시 마포구 양화로12길 26 지월드빌딩 (서교동 395-7)
전화 02)374-8616~7
팩스 02)374-8614
이메일 gworldbook@naver.com
홈페이지 www.g-world.co.kr

ISBN 979-11-388-5322-4 (03800)

‘고양이의 날’ 슬로리딩 워크북

문해력 향상을 위한

하루 한 장 슬로리딩 3

김민정 지음

좋은땅

저자의 말

『고양이의 날』[1]은 이현 작가님의 작품으로 '성장'이라는 핵심 가치 속에 도전, 용기, 자립에 대해 깊이 고민해 볼 수 있는 단편소설입니다. 이번에 출간하는 도서는『고양이의 날』을 깊이 감상할 수 있도록 차시별 워크북 형태로 집필하여 슬로리딩을 처음 접하더라도 쉽게 따라 할 수 있도록 했습니다.

아무리 좋은 내용을 담은 도서라도 실질적으로 유용하게 쓰여야 제 역할을 다할 수 있습니다. 시, 그림책, 소설 등을 대상으로 한 슬로리딩 수업사례와 교육철학에 대해서는『국어시간에 슬로리딩을 만나다 1』에서 다루었고,『고양이의 날』을 대상으로 한 슬로리딩 교육과정 재구성과 수업사례는『국어시간에 슬로리딩을 만나다 2』에 자세히 실어 놓았습니다. 그래서 이번에는『고양이의 날』을 수업했던 내용을 차시별로 구분하고 구체적으로 안내하여 수업에 바로 적용할 수 있도록 했습니다. 이 책을 살펴볼 독자분들은 창비청소년문학50『파란 아이』(2021, 박숙경 엮음, 창비) 소설집에 실린『고양이의 날』(이현)을 준비한 후, 처음부터 천천히 따라 해 보길 추천드립니다.

슬로리딩의 매력 중 하나는 정해진 답이 없다는 것입니다. 교사의 수업 철학과 배움의 가치에 따라 방법은 다양하게 펼쳐질 수 있습니다. 문해력 저하가 기초학력 부진으로 이어지는 심각한 교육현장에서 한 작품을 천천히 깊게 읽으며 생각하는 힘을 기르는 독서 경험은 청소년들에게 꼭 필요합니다.

이 도서는 초등학교 5~6학년 고학년부터 중학교 1~3학년 학생들이나 이들을 지도하는 교사와 학부모님께 추천하고 싶습니다.

소설 구성의 단계에 따른 '발단, 전개, 위기, 절정, 결말'을 각각 제1장~제5장으로 구분하고, 각 장의 내용은 크게 슬로리딩 기본 활동과 다양한 샛길 활동으로 구성했습니다.

---

1 『고양이의 날』(이현)은 창비청소년문학50『파란 아이』(2021, 박숙경 엮음, 창비) 소설집에 수록된 단편소설이다.

'이럴 땐! 어떻게?', '도움말', '선생님과 생각해 보아요!' 등으로 추가 설명을 하거나 학생 작성 예시를 통해 독자의 이해를 돕고, 점차 자기주도적인 실습이 가능하도록 했습니다. 제1장 발단에서 제5장 결말까지 각 장별 주제와 주요 내용에 따라 활동의 과정과 양, 깊이는 조금씩 차이를 두었습니다.

늘 함께 연구하는 '구름학교 슬로리딩 연구소' 선생님들과 2023년, 2024년 함께 슬로리딩한 웅상여자중학교 1학년 학생들에게 감사의 마음을 전합니다. 이 책에서 소개하는 수업 사례 대부분은 '2024년 창의혁신 국어 수업 사례 공모전'(해냄에듀)에서 대상을 받은 내용임을 밝힙니다. 모쪼록 이 책이 슬로리딩에 관심 있고, 문해력을 고민하는 선생님들과 학부모님들, 학생들에게 모두 도움이 되는 귀한 자료로 쓰이길 기대해 봅니다.

2026년 1월

겨울 눈꽃이 봄꽃 향기에 소스라치게 놀랄 햇살 가득한 날들을 기대하며

많은 이들에게 도움이 되길 바라는 마음을 담아

차례

『고양이의 날』 제1장

'발단' 슬로리딩

『고양이의 날』(이현)의 발단은

창비청소년문학50 『파란 아이』(2021, 박숙경 엮음, 창비) 소설집의

119쪽~122쪽에 해당합니다.

1차시

제1장 발단 : 슬로리딩 기본 활동 1

여러분, 주변에서 길고양이들을 본 적 있을 거예요. 여러 마리의 새끼 고양이를 키우면서 살아가는 어미 고양이도 있고, 서로의 영역을 침범하지 않으면서 홀로 살아가는 길고양이들도 있어요. 『고양이의 날』(이현)의 등장인물 중에는 태어난 지 오 개월째인 잿빛 줄무늬 고양이와 그 어미인 검은 고양이, 그리고 하얀 고양이가 있습니다. 이들은 어떤 인물들일까요?

『고양이의 날』(이현)은 성장과 자립에 대한 이야기랍니다.

『고양이의 날』(이현)을 읽으며 '나의 성장과 자립을 위해 무엇을 도전하고 실천해야 할까?'라는 질문을 생각해 보면 좋겠어요.

자, 그럼 우리 함께 『고양이의 날』(이현) 제1장 발단 속으로 들어가 볼까요?

활동 1	『고양이의 날』(이현) 제1장 발단 부분을 천천히 소리 내어 1회 읽어 봅니다. 글을 읽을 때는 앞뒤 문맥의 흐름과 의미를 생각하며 자연스럽게 끊어 읽습니다.

[이럴 땐! 어떻게?]

〈질문〉 선생님, 꼭 소리 내어 읽어야 하나요? 저는 눈으로 보며 마음속으로 읽고 싶은데요.

☞ 소리를 내어 읽는 것을 '음독(音讀)', '낭독(朗讀)', '성독(聲讀)'이라고 합니다. 소리를 내어 읽게 되면 단어와 문장을 정확히 발음하게 되고, 문맥의 흐름에 따라 문장을 자연스럽게 끊으면서, 글의 내용을 머릿속으로 생각하고 집중하며 읽는 데 큰 도움이 됩니다.

☞ 그래도 꼭 마음 속으로 읽고 싶다면, 필기구나 손가락으로 문장을 짚어가며 집중하면서 읽는 게 도움이

된답니다. 요즘은 책을 읽을 때 읽는 부분만 집중해서 볼 수 있도록 줄이 그어진 자(책 읽기 자)도 있으니 활용해 봐도 좋겠어요.

활동 2	읽으면서 모르거나 궁금한 단어에 ○ 표시를 합니다.

[이럴 땐! 어떻게?]

〈질문〉 저는 모르는 단어가 안 보이는데 어떻게 하나요?

☞ 단어의 뜻을 안다는 것은 정확하진 않더라도 문맥의 흐름을 바탕으로 추측은 할 수 있어야 한다는 뜻이에요. 그 단어가 사용된 문장과 앞뒤 문맥을 통해 단어의 뜻을 설명할 수 있는지, 이해할 수 있는지 스스로 생각해 볼까요? 어때요? 다시 살펴보니, 찾아보고 싶은 단어가 보이지요? 그 단어에 ○ 표시를 해 주세요.

☞ 또는 문장과 문맥을 통해 대략적인 의미는 가늠할 수 있더라도 정확한 의미를 알아보고 싶은 단어가 있을 겁니다. 그 단어에 ○ 표시를 해 주세요.

☞ 선생님과 수업한 학생들은 '엄밀하게', '잿빛', '발치', '연방', '기민하게', '계통', '젬병' 등을 궁금한 단어로 표시했답니다.

활동 3	나만의 단어장 & 한 줄 창작 1

• ○ 표시한 단어 중 두 개 이상 고르고, 뜻, 유의어나 반의어를 정리합시다.

• 뜻을 정리한 단어를 활용하여 짧은 문장을 한 줄 만들어 봅시다.

단어	뜻, 유의어, 반의어	한 줄 창작
〈예〉 잿빛	뜻 - 재의 빛깔 유의어 - 재색, 회색 ※ 재 - 불에 타고 남은 가루 〈출처〉 표준국어대사전	나는 우울한 날이면 하늘을 쳐다보는 버릇이 있는데, 비가 올 것 같은 잿빛 하늘을 특히 좋아한다.

활동 4	나만의 단어장 & 한 줄 창작 2

- ○ 표시한 단어들의 뜻을 앞뒤 문장과 문맥의 흐름으로 추측해 봅시다.
- ○ 표시한 단어들의 뜻은 책에 메모하고, '기민하게'와 '엄밀하게' 중에서 자세히 정리하고 싶은 단어를 한 개 골라 주세요.
- 고른 단어의 뜻, 유의어나 반의어, 사전에 나온 예문, 단어가 사용된 작품의 본문 속 문장을 아래의 표에 정리합니다.
- 이제 다양한 정보를 바탕으로 그 단어가 익혀졌지요? 그렇다면 그 단어를 활용하여 짧은 문장을 한 줄 만들어 봅시다.

[선생님과 함께 생각해 보아요!]

☞ 여러분이 『고양이의 날』(이현)을 읽다가 모르거나 좀 더 알아보고 싶은 단어에 ○ 표시를 했지요? 여러분에게 국어사전이 있다면 그 단어를 찾아 뜻을 적어 주세요. 국어사전이 없다면, 인터넷 매체를 활용해도 된답니다. 다만, 반드시 '국어사전, 어학사전, 표준어 사전' 등 '단어 사전'을 활용해 주세요. 단어의 뜻 외에도 예문, 유의어, 반의어도 있답니다. 유의어는 비슷한 말, 반의어는 반대말입니다. 예문은 그 단어가 사용된 문장을 예로 든 것이랍니다. 사전에 나온 예문을 참고하여 새로운 예문을 여러분이 창작해도 좋습니다. 이제 천천히 해 봅시다.

☞ '본문에서 이 단어가 쓰인 문장'은 여러분이 고른 그 단어가 『고양이의 날』(이현)의 본문에 사용되어 있지요? 그 문장을 그대로 옮겨 적어 보라는 뜻이랍니다.

☞ 마지막으로 그 단어를 활용해서 문장을 하나 창작해 보세요. 단순하게 주어와 서술어만 있는 문장보다 구체적인 의미를 전달하도록 만들어 주세요. 어때요? 차근차근 하나씩 해 보니 어렵지 않지요?

〈예〉 민아는 엄밀하게 말했다. (×)

→ 민아는 친구들의 대화를 듣다가, 약속 시간과 장소에 대해 엄밀하게 말했다. (○)

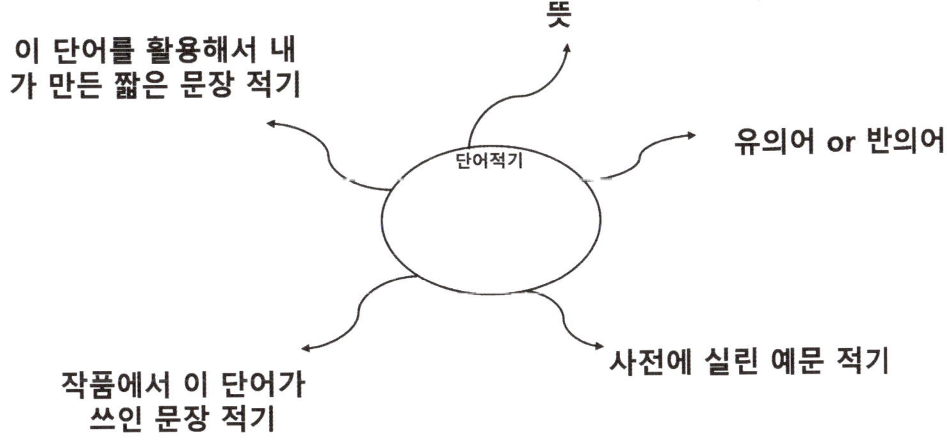

※ 참고 ※ 여기서 잠깐, 학생이 작성한 예시 자료를 참고해 보아요!

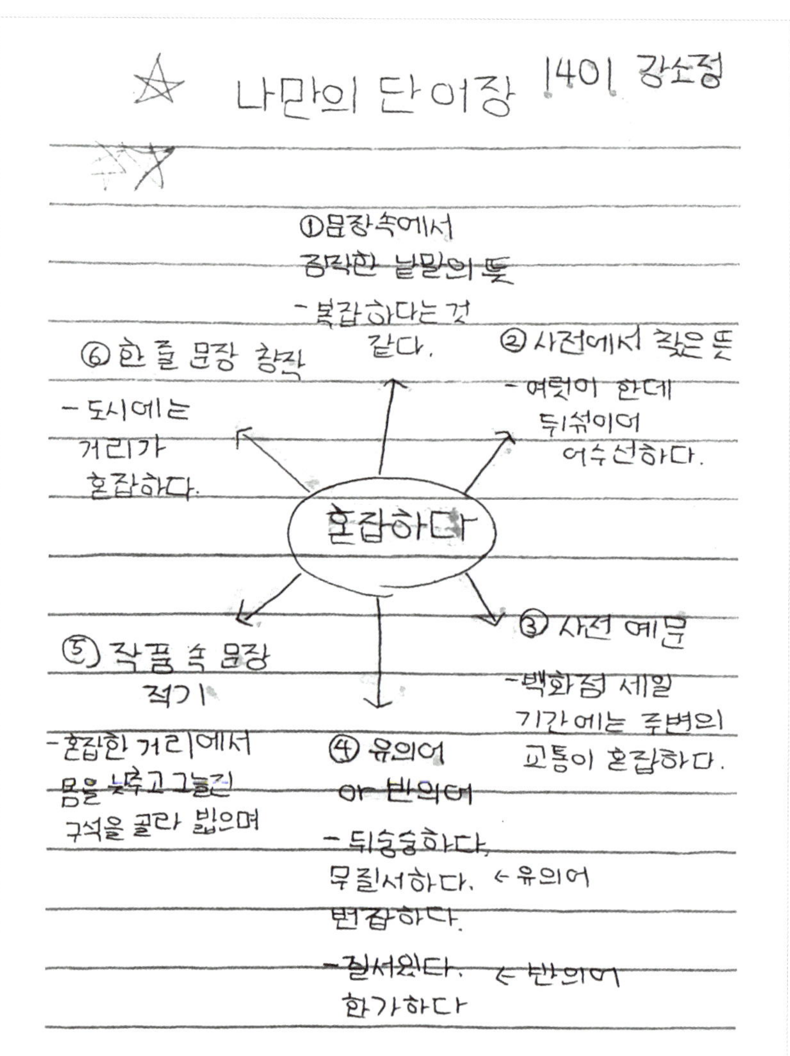

〈질문〉 선생님, 모든 단어를 이렇게 정리해야 할까요?

☞ 모든 단어를 정리할 필요는 없답니다. 각 장마다 한 개의 단어만 정리해도 되고, 어떤 장은 하지 않아도

됩니다. 그러나 단어의 뜻을 찾아보면 이해하기 어려웠던 것도 유의어나 반의어를 통해 쉽게 이해되기도 하고, 예문을 살펴본 후, 스스로 예문을 창작하는 활동을 통해 여러분의 어휘력이 무럭무럭 자란다는 점을 잊지 말아요!

[도움말]

☞ 선생님이 제시한 양식에 단어에 대한 다양한 정보를 정리해도 좋고, 포스트잇 등 메모지에 자신만의 방식으로 정리해도 좋습니다.

☞ 작성 예시에 나온 것처럼 마인드맵과 같이 보기 좋게 정리해도 좋답니다. 다만, 선생님이 제시한 세부 항목들은 가급적이면 그대로 유지해 주세요.

2차시

제1장 발단 : 슬로리딩 기본 활동 2

여러분은 소설을 읽으면서 등장인물의 말과 행동을 보며 어떤 생각을 하나요? '나라면 그 상황에서 이렇게 할 텐데'라거나 '왜 그런 말을 한 걸까?'라는 질문을 떠올린 적이 있나요?

소설의 내용 중에서 여러분의 가슴에 새겨진 인상적인 대사나 장면이 있나요? 이번 시간에는 제1장 발단 내용을 읽으면서 떠오르는 궁금한 내용을 질문하고 인상적인 장면을 생각해 보는 시간을 가져 봅시다.

활동 1	궁금? 궁금! 질문을 잡아라

- 『고양이의 날』(이현) 제1장 발단을 다시 천천히 읽으며 궁금한 내용을 질문으로 1개 만들어 봅시다.
- 그 질문에 대한 자신의 생각을 적어 봅시다.

[이럴 땐! 어떻게?]

〈질문〉 어떤 질문을 만들면 좋을까요?

☞ 답을 작품에서 바로 찾을 수 있거나 단어의 뜻을 묻는 질문은 피해 주세요. 여러분의 생각을 넓히고 깊게 곱씹기 위한 활동이니, 『고양이의 날』(이현) 제1장 발단의 내용과 관련지어 여러 가지로 생각해 볼 만한 질문, 작품을 이해하는 데 도움이 되는 질문을 해 주세요. 질문이 처음부터 잘 떠오르지 않을 수도 있어요. 그땐 '왜, 어떻게' 등을 활용하여 만들거나, '만약 나라면~ 어떻게 했을까?' 등을 생각하면서 작품 상황과 관련짓거나 등장인물의 입장이 되어 질문해 보세요. 점점 작품 내용에 빠져들게 될 거예요.

내가 만든 질문		질문에 대한 나의 생각
질문		
예시	왜 검은 고양이는 하얀 고양이에게 앞발을 후려치며 화를 냈을까?	먹이가 부족해서인 것 같진 않고, 그동안의 상황을 미루어 보아 영역에 대한 싸움이 시작되려는 것 같다.

활동 2 인상적인 장면, 클릭! 클릭!

- 『고양이의 날』(이현) 제1장 발단 부분을 읽으며 인상적인 장면이나 구절 등을 골라 그대로 필사해 봅시다.
- 그 부분이 인상적인 이유를 구체적으로 설명해 봅시다.

인상적인 장면이나 구절 필사	인상적인 이유

활동 3	예측하며 읽기

• 『고양이의 날』(이현) 제1장 발단을 읽으면서 예측한 내용을 적어 봅시다.

예측하게 한 부분 적기	예측한 내용 적기

〈질문〉 소설을 읽으면서 어떤 부분을 참고하면 예측하는 데 도움이 될까요?

☞ 작가는 단어나 문장, 등장인물의 말이나 행동, 분위기, 사건 등을 통해 뒤에 나올 이야기를 미리 암시해 두는 편입니다. 이야기의 전개 내용을 독자가 쉽게 이해하고 납득할 수 있어야 하니까요. 또는 '그러나', '하지만'과 같은 접속어를 통해서도 뒤에 나올 내용을 어느 정도 예측할 수 있지요. 여러분도 다시 읽어 보면서 그런 부분이 없는지 살펴보고, 그 부분을 통해 어떤 내용을 예측했는지 생각해 보도록 해요.

활동 4	등장인물 탐구

• 『고양이의 날』(이현) 제1장 발단을 읽으면서 등장인물들의 특징이나 정보를 정리해 봅시다.

등장인물	특징이나 정보
잿빛 줄무늬 고양이	

검은 고양이	
하얀 고양이	

활동 5	중심 사건 두 줄 요약, 개성 만점 내 맘대로 소제목 달기

• 『고양이의 날』(이현) 제1장의 중심 사건을 인물, 사건, 배경을 중심으로 요약합니다.

• 『고양이의 날』(이현) 제1장의 중심 사건을 바탕으로 여러분이 작가가 되어 제1장의 소제목을 짓고, 그렇게 지은 이유를 적어 봅시다.

소제목	이유

〈질문〉 소설을 읽고 중심 사건을 요약하려면 어떻게 해야 하나요?

☞ 소설에는 사건을 이끌어가는 중심인물인 주인공이 있고, 주인공을 둘러싼 여러 사건들이 있습니다. 그리고 그 사건들은 시간과 공간이라는 배경에서 이루어진답니다. 『고양이의 날』(이현)의 제1장에는 세 마리의 길고양이가 등장합니다. 하얀 고양이는 검은 고양이의 어떤 행동에 꼬리를 말고 달아났나요? 인물, 사건, 배경으로 정리하기 어렵다면, '누가, 언제, 어디서, 어떻게, 왜, 무엇을'과 같은 육하원칙을 참고해서 몇 가지 요소로 정리해도 좋습니다.

〈질문〉 제1장의 중심 내용을 바탕으로 제가 작가가 되어 소제목을 지을 때, 개성만 담아 마음대로 지으면 될까요?

☞ 장편소설 중에서 차례나 장별 소제목을 제시한 작품을 본 적 있지요? 소제목은 독자의 흥미를 끌면서 독자가 읽기 전에 무슨 내용일까 궁금해할 수 있도록 해야겠지요? 각 장별 중심 사건과 관련된 소제목으로 지어야 할 테고요. 발단의 경우, 아직 구체적인 사건이 등장하기 전이므로 시간과 장소 등의 배경이나 등장인물과 관련된 소제목이면 여러분의 개성이 담아질 거예요.

※ 참고 ※ 여기서 잠깐, 학생이 작성한 예시 자료를 참고해 보아요!

발단 소제목	이유
세 마리 길고양이들의 첫 발걸음	이제 세 마리의 길고양이들과 관련된 사건과 내용이 펼쳐지고 시작하니까
모두가 등장, 아빠만 퇴장?	이제 막 이야기가 시작되었지만 검은 고양이와 하얀 고양이의 관계를 보아 아빠인 하얀 고양이가 퇴장할 것처럼 보여서
길고양이들의 일상	제1장에는 중요한 사건은 별로 없이 등장인물인 길고양이들의 평범한 하루를 보여 주고 있어서
하얀 고양이, 검은 고양이 그리고 잿빛 줄무늬 고양이	이 세 마리의 고양이들이 등장인물이 되어 앞으로의 이야기를 만들어 갈 거기 때문에

고양이에게 평범한 하루는 없다	그저 평범한 하루이자 일상일 줄 알았지만 갑자기 검은 고양이가 하얀 고양이를 쫓아내는 상황이 생겨서 지금까지 평범했던 생활은 사실 평화로운 하루들이었다는 생각이 들어서
어미 고양이의 변덕	특별한 이유도 없이 갑자기 어미 고양이가 하얀 고양이를 덮치고 내쫓는 부분이 나와서

『고양이의 날』 제2장

'전개' 슬로리딩

『고양이의 날』(이현)의 전개는

창비청소년문학50『파란 아이』(2021, 박숙경 엮음, 창비) 소설집의

123쪽~129쪽에 해당합니다.

3차시

제2장 전개 : 슬로리딩 기본 활동 1

잿빛 고양이의 울음소리가 예전 같지 않고, 젖을 뗀 이후로 검은 고양이도 냉정합니다. 하얀 고양이는 잿빛 고양이에게 어떤 고양이일까요? 검은 고양이는 어디까지 하얀 고양이를 몰아 내쫓을까요? 검은 고양이는 대체 왜 이러는 걸까요?

『고양이의 날』(이현) 제2장 전개를 읽어 봅시다.

활동 1	『고양이의 날』(이현) 제2장 전개 부분을 천천히 소리 내어 1회 읽어 봅니다. 글을 읽을 때는 앞뒤 문맥의 흐름과 의미를 생각하며 자연스럽게 끊어 읽습니다.

활동 2	읽으면서 모르거나 궁금한 단어에 ○ 표시를 합니다.

활동 3	나만의 단어장 & 한 줄 창작 1

- ○ 표시한 단어 중 두 개 이상 고르고, 뜻, 유의어나 반의어를 정리합시다.
- 뜻을 정리한 단어를 활용하여 짧은 문장을 한 줄 만들어 봅시다.

단어	뜻, 유의어, 반의어	한 줄 창작

〈예〉 여태	뜻 - 어떤 행동이나 일이 이루어졌어야 할 시간에도 그렇게 되지 않음에 대해 부정적으로 표현할 때 쓰는 말 유의어 - 아직 〈출처〉 표준국어대사전	지금 시간이 몇 시인데, 여태 학교에 등교하지 않았던 거니?

[선생님과 함께 생각해 보아요!]

☞ 『고양이의 날』(이현) 제2장 전개를 읽으면서 궁금하거나 모르는 단어를 골라 ○ 표시를 했지요? 선생님과 수업한 학생들은 대체로 '유별난', '예사로운', '흘금거리며', '여태', '여념', '잰걸음', '분주하게', '한산해서', '혼잡한', '고적한', '돌연', '서슬', '가차 없이', '단호하게', '섬뜩한' 등의 단어들을 골랐답니다.

활동 4	나만의 단어장 & 한 줄 창작

- ○ 표시한 단어들의 뜻을 앞뒤 문장과 문맥의 흐름으로 추측해 봅시다.
- ○ 표시한 단어들의 뜻은 책에 메모하고, '분주하게', '한산해서', '혼잡한', '고적한', '단호하게', '가차 없이' 중에서 자세히 정리하고 싶은 단어를 한 개 골라 주세요.
- 고른 단어의 뜻, 유의어나 반의어, 사전에 나온 예문, 단어가 사용된 작품의 본문 속 문장을 아래의 표에 정리합니다.
- 이제 다양한 정보를 바탕으로 그 단어가 익혀졌지요? 그렇다면 그 단어를 활용하여 짧은 문장을 한 줄 만들어 봅시다.

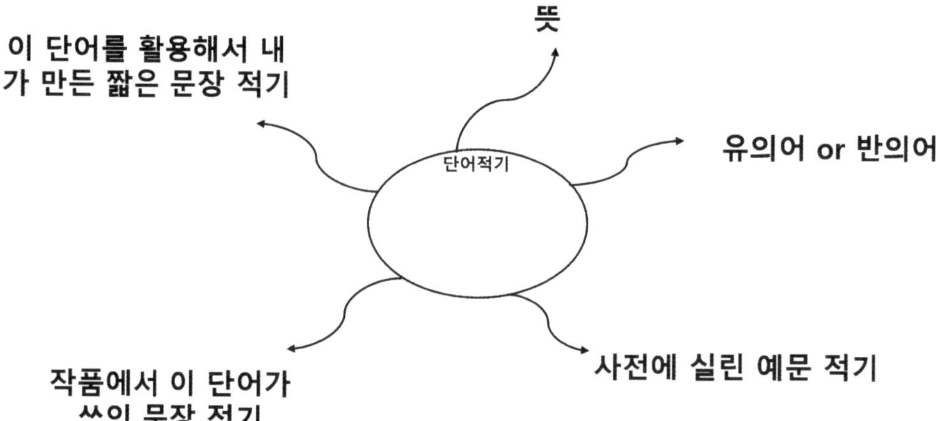
뜻
이 단어를 활용해서 내
가 만든 짧은 문장 적기
유의어 or 반의어
단어적기
작품에서 이 단어가
쓰인 문장 적기
사전에 실린 예문 적기

4차시

제2장 전개 : 슬로리딩 기본 활동 2

여러분은 소설을 읽으면서 등장인물의 말과 행동을 보며 어떤 생각을 하나요? '나라면 그 상황에서 이렇게 할 텐데'라거나 '왜 그런 말을 한 걸까?'라는 질문을 떠올린 적이 있나요?

소설의 내용 중에서 여러분의 가슴에 새겨진 인상적인 대사나 장면이 있나요? 이번 시간에는 제2장 전개 내용을 읽으면서 떠오르는 궁금한 내용을 질문하고 인상적인 장면을 생각해 보는 시간을 가져 봅시다.

활동 1	궁금? 궁금! 질문을 잡아라

- 『고양이의 날』(이현) 제2장 전개를 다시 천천히 읽으며 궁금한 내용을 질문으로 1개 만들어 봅시다.
- 그 질문에 대한 자신의 생각을 적어 봅시다.

[이럴 땐! 어떻게?]

〈질문〉『고양이의 날』(이현) 제2장에서는 어떤 질문을 만들면 좋을까요?

☞ 검은 고양이의 행동 중에서 잿빛 고양이가 의문스럽게 생각하는 것, 또는 하얀 고양이에게 검은 고양이가 한 행동 중에서 질문을 만드는 것도 작품 내용을 이해하는 데 도움이 될 것 같아요. 새로운 등장인물에 대해 궁금한 내용을 질문으로 만들어도 좋고요.

☞ 제2장에서 가장 기억에 남는 등장인물을 떠올려 보고, 그 인물과 관련된 사건이나 상황 중에서 궁금한 내용을 질문으로 만들어도 좋습니다. 'OOO은 ~라고 했다.'라는 문장이 있다면, '왜 OOO은 ~라고 했

을까?' 등의 질문의 형식으로 바꾸면 된답니다.

내가 만든 질문		질문에 대한 나의 생각
질문		
예시	검은 고양이는 무슨 이유로 하얀 고양이를 가차 없이 몰아세웠을까?	하얀 고양이가 사냥도 못하고 힘이 없으니 그 영역을 자신이 차지하고 싶어서인 것 같다.

활동 2	인상적인 장면, 클릭! 클릭!

- 『고양이의 날』(이현) 제2장 전개 부분을 읽으며 인상적인 장면이나 구절 등을 골라 그대로 필사해 봅시다.
- 그 부분이 인상적인 이유를 구체적으로 설명해 봅시다.

인상적인 장면이나 구절 필사	인상적인 이유

활동 3	예측하며 읽기

• 『고양이의 날』(이현) 제2장 전개를 읽으면서 예측한 내용을 적어 봅시다.

예측하게 한 부분 적기	예측한 내용 적기

[이럴 땐! 어떻게?]

〈질문〉 예측하며 책 메모하는 방법은 어떤 것들이 있을까요?

☞ 단어, 문장, 등장인물의 대사를 보며 뒤 내용 예측하기, '하지만', '그러나', '그래서' 등의 접속어를 바탕으로 뒤 내용 예측하기, 작품의 어느 부분이 자신의 경험과 비슷한지 또는 공감하게 되었는지 찾고 뒤 내용 예측하기 등을 추천합니다.

활동 4	등장인물 탐구

• 『고양이의 날』(이현) 제2장 전개를 읽으면서 등장인물들의 특징이나 정보를 정리해 봅시다.

등장인물	특징이나 정보
잿빛 줄무늬 고양이	
검은 고양이	
하얀 고양이	

활동 5	중심 사건 두 줄 요약, 개성 만점 내 맘대로 소제목 달기

- 『고양이의 날』(이현) 제2장의 중심 사건을 인물, 사건, 배경을 중심으로 요약합니다.

• 『고양이의 날』(이현) 제2장의 중심 사건을 바탕으로 여러분이 작가가 되어 제2장의 소제목을 짓고, 그렇게 지은 이유를 적어 봅시다.

소제목	이유

[이럴 땐! 어떻게?]

〈질문〉 소설의 중심 사건을 요약하는 효과적인 방법을 알고 싶어요.

☞ 『고양이의 날』(이현) 제2장을 다시 훑어 읽습니다. 그리고 읽은 내용 중에서 중요 사건과 관련된 부분에 밑줄을 긋습니다. 다음으로 '누가, 언제, 어디서, 무엇을, 왜, 어떻게' 등의 육하원칙을 중심으로 '인물', '사건', '배경'(시간, 장소)를 간추려 봅니다. 그런 후에 사건의 순서나 과정, 인과관계를 생각하며 요약합니다.

〈질문〉 '개성만점 내 맘대로 제목 짓기'의 구체적인 방법이 궁금해요.

☞ 중심 사건 두 줄 요약하기 활동을 통해 주요 내용을 다시 살펴봅니다. 특히 밑줄을 그었던 중심 사건을 바탕으로 살펴본 후, 어떤 소제목이 중심 사건을 잘 드러낼지 생각해 봅니다.

※ 참고 ※ 여기서 잠깐, 학생이 작성한 예시 자료를 참고해 보아요!

전개 소제목	이유
검은 고양이의 이상한 행동	검은 고양이가 자꾸 하얀 고양이를 이유 없이 내쫓기 때문에
고양이 가족들의 욕심과 비밀	검은 고양이가 자신의 영역을 지키기 위해 계속 다른 고양이의 영역으로 밀어낸다는 것이 사람의 욕심과 비슷해 보여서
지나간 과거와 분열	검은 고양이와 하얀 고양이의 과거와 함께 검은 고양이가 하얀 고양이를 밀어내는 장면이 주요 내용이어서 '지나간 과거'와 '분열'이라고 표현했다.
고양이를 위한 하루와 달라진 엄마	설연휴 기간이라 사람들이 보이지 않아서 잿빛 고양이는 자신을 위한 날이라고 생각한 부분이 좋았고, 엄마가 아빠를 자꾸 쫓아내려는 모습이 갈등의 시작으로 나타나므로
검은 고양이 vs 하얀 고양이	전개 부분에서도 발단과 연결된 두 고양이의 영역싸움이 계속 이어지므로
떠나라! 하얀 고양이여!	하얀 고양이를 다른 곳으로 보내려는 검은 고양이의 상황과 행동이 주로 나타나서
새로운 바람	잿빛 고양이가 태어나 처음 느끼는 봄기운과 이전과는 달라진 검은 고양이의 태도가 모두 잿빛 고양이에게는 새로운 바람처럼 느껴질 것 같아서
고양이들의 이야기를 들어 볼래?	지난 여름, 검은 고양이가 누구를 밴 채 이곳으로 오게 된 것인지, 하얀 고양이는 잿빛 고양이에게 어떤 존재인지 그 내용이 나오므로

5차시

장면 묘사 그림으로 표현하는 샛길 활동

소설을 읽다 보면 어떤 장면은 마치 머릿속으로 그림이 그려지는 경우가 있답니다. 대부분 그 장면을 그냥 읽고 지나치게 되지요? 이 부분을 그림으로 직접 표현해 본다면 어떨까요?

『고양이의 날』(이현) 제2장 123쪽~124쪽에는 잿빛 줄무늬 고양이, 검은 고양이, 하얀 고양이들이 살고 있는 보금자리가 구체적으로 묘사되어 있습니다. 천천히 읽어 보면서 다음 활동을 해 봅시다.

[선생님과 함께 생각해 보아요!]

〈질문〉 선생님, 샛길 활동은 어떤 활동인가요?

☞ 샛길 활동은 작품의 주요 핵심 활동에서 잠시 벗어나 작품에 등장하는 시대적 특징, 사회 문화적 풍습, 특정 단어와 관련된 궁금한 정보를 조사할 수도 있고, 등장인물의 상황을 직접 체험해 보거나 작품 속에서 등장인물들이 하는 놀이를 친구들과 경험해 보는 등 잠시 쉬어 가면서 더욱 즐겁게 작품을 감상하게 하는 슬로리딩의 중요한 공부법이랍니다. 이러한 샛길 활동은 독자로 하여금 작품을 다양한 측면에서 종합적으로 감상하도록 도와주고, 독자의 지식과 경험을 폭넓게 확장하는 기회를 제공하기도 하지요.

☞ 이번 시간에 고양이들의 활동무대인 작품의 배경을 살펴보는 것도 잠시 쉬면서 하는 샛길 활동이 한 종류로 볼 수 있답니다.

[선생님과 함께 생각해 보아요!]

〈질문〉 선생님, 샛길 활동이 적용된 활동은 어떤 것들이 있나요?

☞ 김유정의 『동백꽃』을 예로 들어 볼게요. 동백꽃의 등장인물 '점순이'는 마름집 딸이고, '나'는 소작농의

아들이에요. 이 점을 참고삼아 1930년대 일제강점기 시대의 지주-마름-소작인 중심의 토지 계약 관계나 작품에 등장하는 '배제'와 현대 토지 계약의 문서를 조사하거나 비교해 볼 수도 있어요. 또 『동백꽃』에 나오는 강원도 방언을 통해 학생들이 거주하는 지역방언과 비교하고 작품의 시대적 배경인 1930년대 사회문화적 특징을 조사한 후 발표할 수도 있고요. 소설 속에서 닭이 고추장을 먹자 잠시 힘을 내는 장면을 읽으면서 고추장에 과연 어떤 성분이 있어서 닭이 에너지를 낼 수 있었는지 알아볼 수도 있겠죠? 점순이의 대사 중 '봄 감자가 맛있다.'라는 부분을 보며 봄 감자가 정말 맛있는지 직접 요리해서 먹어볼 수도 있겠지요. 이렇게 샛길 활동은 작품의 내용을 더 즐겁고 재미있게 읽게 하는 동시에 다양한 지식을 확장할 수 있는 좋은 배움의 기회가 된답니다.

활동 1	꼼꼼히 읽게 하는 힘, 샛길 활동 : 장면 묘사 그림으로 표현하기 1

• 고양이들의 보금자리를 자세히 묘사한 장면이 어떤 구절인지 그대로 필사해 봅시다.

장면이 묘사된 구절 필사하기

활동 2	꼼꼼히 읽게 하는 힘, 샛길 활동 : 장면 묘사 그림으로 표현하기 2

• 〈활동 1〉에서 필사한 장면 묘사를 바탕으로 고양이들의 보금자리를 그림으로 표현해 봅시다.

[이럴 땐, 이렇게?]

〈질문〉 선생님, 저는 그림 그리는 활동에 자신이 없는데 어떻게 하면 좋을까요?

☞ 이 활동은 그림을 잘 그리기 위해서가 아니라, 그림으로 장면 묘사된 구절을 꼼꼼히 읽기 위해 만들어진 거랍니다. 그러니 그림 실력과는 상관없이 자신 있게 표현하면 되겠지요? 특히 지하철역이 시작되는 지점이 각자 다를 수 있으니 정답이 있는 것도 아니랍니다. 골목 사이사이 어떤 건물들이 있고, 어떤 가게들이 마주 보며 위치해 있는지, 그중에서 고양이들은 어디에서 주로 머무는지 등을 중심으로 작품을 천천히 읽으면서 그림으로 표현해 봅시다.

[도움말]

☞ 〈묘사〉는 어떤 대상이나 사물, 사람, 풍경, 현상 등을 언어나 그림으로 표현한 것을 말합니다. 소설의 경우, 장소나 풍경, 인물의 생김새, 외모 등을 글로 자세하게 묘사한 경우가 많답니다. 여러분이 가족들에게 친한 친구의 생김새를 말할 때, '○○이는 단발머리에 안경을 쓰고, 한쪽만 쌍꺼풀이 지고 오른쪽 볼에 보조개가 쏙 들어가는 귀여운 외모예요.'라고 한다면 가족들은 그 친구의 외모를 쉽게 떠올릴 수 있겠지요. 마치 그림을 그리듯이 머릿속에 풍경이나 사물, 사람의 모습이 그려지는 서술의 형태를 소설에서는 묘사로 표현한 거랍니다.

장면이 묘사된 부분을 그림으로 표현하기

※ 참고 ※ 여기서 잠깐, 학생이 작성한 예시 자료를 참고해 보아요!

3 장면묘사
4 그림으로 표현하기
Cat BOX

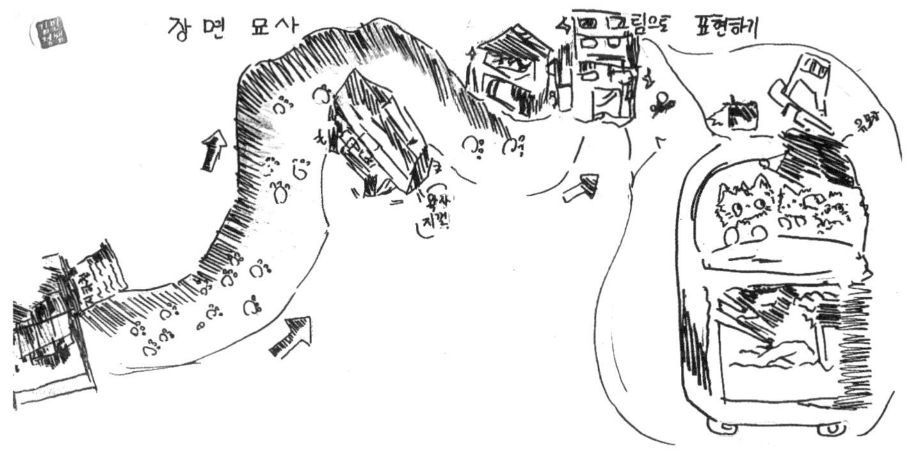
장면 묘사
4 그림으로 표현하기

3 장면 묘사
4 그림으로 표현하기

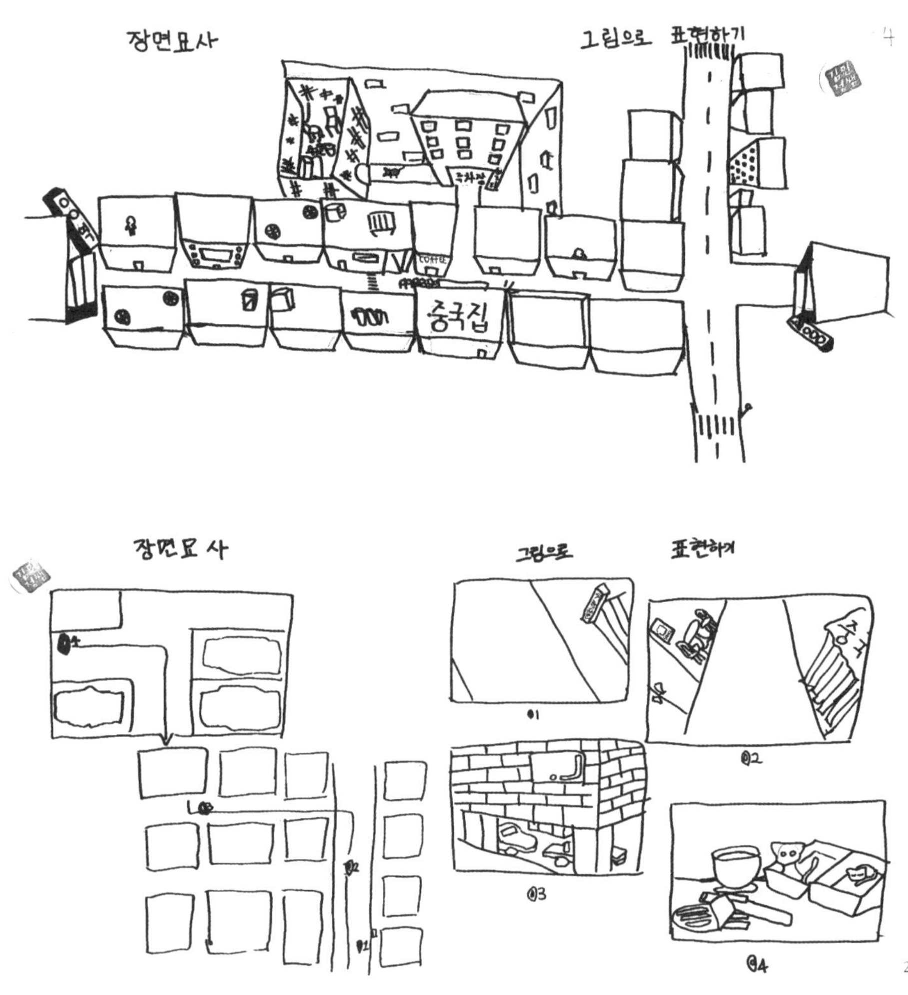

---

2 이 그림은 골목에 CCTV가 있다는 가정하에 학생이 '고양이의 날'(이현, 2021, 창비청소년문학 50, 『파란 아이』, 박숙경 엮음, 창비)의 123쪽~124쪽 장면 묘사 부분을 읽고, 그림으로 표현한 것이다.

『고양이의 날』 제3장

‘위기’ 슬로리딩

『고양이의 날』(이현)의 위기는

창비청소년문학50 『파란 아이』(2021, 박숙경 엮음, 창비) 소설집의

129쪽~135쪽에 해당합니다.

6차시

제3장 위기 : 슬로리딩 기본 활동 1

편의점 앞으로 난 2차선 도로 너머에는 왕초 고양이의 영역입니다. 검은 고양이가 거세게 하얀 고양이를 몰아서 잿빛 줄무늬 고양이 일행은 왕초 고양이의 영역으로 침범한 셈이 되었네요. 제3장에는 왕초 고양이와 그 새끼인 노란 고양이가 새롭게 등장한답니다. 이들은 어떤 고양이들일까요? 그리고 잿빛 줄무늬 고양이 일행은 어떻게 되었을까요?

『고양이의 날』(이현) 제3장 위기를 읽어 봅시다.

활동 1	『고양이의 날』(이현) 제3장 위기 부분을 천천히 소리 내어 1회 읽어 봅니다. 글을 읽을 때는 앞뒤 문맥의 흐름과 의미를 생각하며 자연스럽게 끊어 읽습니다.

활동 2	읽으면서 모르거나 궁금한 단어에 ○ 표시를 합니다.

활동 3	나만의 단어장 & 한 줄 창작 1

- ○ 표시한 단어 중 두 개 이상 고르고, 뜻, 유의어나 반의어를 정리합시다.
- 뜻을 정리한 단어를 활용하여 짧은 문장을 한 줄 만들어 봅시다.

단어	뜻, 유의어, 반의어	한 줄 창작

〈예〉 일개	뜻 - 보통의 또는 그 이하의, 보잘 것 없이 평범하거나 그 이하인 유의어 - 한낱, 겨우 반의어 - 특별한, 특출난 〈출처〉 표준국어대사전	그는 일개 회사원으로서 사장에게 건의한 게 아니라, 이 사회의 구성원으로서 정당한 요구를 한 것이었다.

[선생님과 함께 생각해 보아요!]

☞ 『고양이의 날』(이현) 제3장 위기를 읽으면서 궁금하거나 모르는 단어를 골라 ○ 표시를 했지요? 선생님과 수업한 학생들은 대체로 '일개', '왕초', '수고양이', '민첩한', '침범한', '초소', '자율방범대', '육중한', '일행', '왕초', '명백히', '포효하는', '어쭙잖은', '차비', '어엿한', '소스라치게', '엄두', '설사' 등의 단어들을 골랐답니다.

활동 4	나만의 단어장 & 한 줄 창작

- ○ 표시한 단어들의 뜻을 앞뒤 문장과 문맥의 흐름으로 추측해 봅시다.
- ○ 표시한 단어들의 뜻은 책에 메모하고, '민첩하다', '침범하다', '육중한', '명백히' 중에서 자세히 정리하고 싶은 단어를 한 개 골라 주세요.
- 고른 단어의 뜻, 유의어나 반의어, 사전에 나온 예문, 단어가 사용된 작품의 본문 속 문장을 아래의 표에 정리합니다.
- 이제 다양한 정보를 바탕으로 그 단어가 익혀졌지요? 그렇다면 그 단어를 활용하여 짧은 문장을 한 줄 만들어 봅시다.

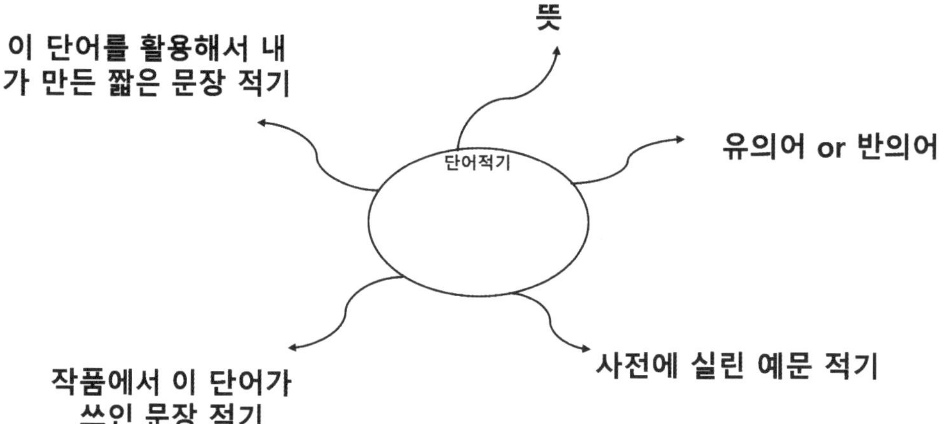
뜻
이 단어를 활용해서 내
가 만든 짧은 문장 적기
단어적기
유의어 or 반의어
작품에서 이 단어가
쓰인 문장 적기
사전에 실린 예문 적기

7차시

제3장 위기 : 슬로리딩 기본 활동 2

여러분은 소설을 읽으면서 등장인물의 말과 행동을 보며 어떤 생각을 하나요? '나라면 그 상황에서 이렇게 할 텐데'라거나 '왜 그런 말을 했을까?'라는 질문을 떠올린 적이 있나요?

소설의 내용 중에서 여러분의 가슴에 새겨진 인상적인 대사나 장면이 있나요? 이번 시간에는 제3장 위기 내용을 읽으면서 떠오르는 궁금한 내용을 질문하고 인상적인 장면을 생각해 보는 시간을 가져 봅시다.

활동 1	궁금? 궁금! 질문을 잡아라

- 『고양이의 날』(이현) 제3장 위기를 다시 천천히 읽으며 궁금한 내용을 질문으로 1개 만들어 봅시다.
- 그 질문에 대한 자신의 생각을 적어 봅시다.

[이럴 땐! 어떻게?]

〈질문〉『고양이의 날』(이현) 제3장에서는 어떤 질문이 적당할까요?

☞ 여러분이 작품을 감상하면서 작품 내용과 관련된 궁금한 내용은 모두 적당하겠지요. 제3장에는 새로운 등장인물인 왕초 고양이와 노란 고양이가 나오니까 이들의 말이나 행동, 관련된 상황을 바탕으로 질문을 만들어도 좋을 것 같아요.

☞ 제3장에서 가장 기억에 남는 등장인물을 떠올려 보고, 그 인물과 관련된 사건이나 상황 중에서 궁금한 내용을 질문으로 만들어도 좋습니다. '○○○은 ~라고 했다.'라는 문장이 있다면, '왜 ○○○은 ~라고 했을까?' 등의 질문의 형식으로 바꾸면 된답니다.

내가 만든 질문		질문에 대한 나의 생각
질문		
예시	노란 고양이는 어렸을 때 왕초 고양이에 의해 높은 컨테이너 박스 위에서 떨어졌는데, 성장한 후 자신의 영역을 만든 후, 제 어미를 보았을 때 어떤 마음이 들었을까?	어렸을 때는 어미인 왕초 고양이가 원망스러웠을 것 같지만, 성장한 후 어엿한 자신의 영역을 보여 주며 당당해지는 느낌을 가졌을 것 같다.

활동 2 인상적인 장면, 클릭! 클릭!

- 『고양이의 날』(이현) 제3장 위기 부분을 읽으며 인상적인 장면이나 구절 등을 골라 그대로 필사해 봅시다.
- 그 부분이 인상적인 이유를 구체적으로 설명해 봅시다.

인상적인 장면이나 구절 필사	인상적인 이유

활동 3	예측하며 읽기

• 『고양이의 날』(이현) 제3장 위기를 읽으면서 예측한 내용을 적어 봅시다.

예측하게 한 부분 적기	예측한 내용 적기

활동 4	등장인물 탐구

• 『고양이의 날』(이현) 제3장 위기를 읽으면서 새롭게 등장한 인물들의 특징이나 정보를 정리해 봅시다.

등장인물	특징이나 정보
왕소 고양이	
노란 고양이	

활동 5	중심 사건 두 줄 요약, 개성 만점 내 맘대로 소제목 달기

• 『고양이의 날』(이현) 제3장의 중심 사건을 인물, 사건, 배경을 중심으로 요약합니다.

• 『고양이의 날』(이현) 제3장의 중심 사건을 바탕으로 여러분이 작가가 되어 제3장의 소제목을 짓고, 그렇게 지은 이유를 적어 봅시다.

소제목	이유

※ 참고 ※ 여기서 잠깐, 학생이 작성한 예시 자료를 참고해 보아요!

위기 소제목	이유
고양이들의 치열한 추격전	세 마리의 고양이들과 왕초 고양이가 서로 치열하게 추격전을 벌였기 때문에
고양이들의 서열	왕초 고양이의 힘과 권력이 정말 강하고 이런 일들이 사람들에게도 일어날 것 같아서
왕초 고양이와의 추격전	세 마리의 고양이가 왕초 고양이의 영역을 침범해서 왕초 고양이가 세 고양이를 추격하는 장면이 나와서
세 고양이들의 주거침입에 대한 최후	하얀 고양이, 검은 고양이, 잿빛 고양이는 함부로 다른 영역에 들어가서 왕초 고양이에게 쫓기는 고생을 했기 때문에
도망치고 싶은 날	잿빛 고양이 일행이 왕초 고양이 영역에 침범하면서 도망쳐야 하는 상황이 중심 사건이라서
하얀 고양이의 몸부림	검은 고양이와 왕초 고양이에 의해 하얀 고양이가 이리저리 쫓기는 상황이고 본인의 의사와 상관없이 왕초 고양이 영역까지 침범한 셈이 되어서
왕의 등장	이 지역에서 가장 힘이 센 왕초 고양이가 새로운 인물로 등장하면서 추격전이 벌어져서
검은 고양이의 의지와 하얀 고양이의 공포	검은 고양이는 계속 하얀 고양이를 내쫓고 그로 인해 하얀 고양이는 새롭게 왕초 고양이까지 더해져 공포와 두려움이 있을 것 같아서
왕초의 영역에 발을 들인다면?	고양이들이 멋모르고 영역을 침범했을 때 왕초에게 호되게 당하거나 위기를 맞은 고양이들이 대다수라서 왕초의 영역에 발을 들인다면 위험하다는 것을 알려주기 위해서
바람처럼 달리다	왕초 고양이에게서 도망치며 달리는 고양이들이 하늘에 휘날리는 바람처럼 보여서
사나운 눈초리를 피해	잿빛 고양이와 검은 고양이, 하얀 고양이를 추격해 오는 왕초 고양이의 사나운 눈초리를 피해 계속해서 달리는 내용이 나와서

8차시

호기심 찾아 쉬엄쉬엄, 단어 탐구 샛길 활동

『고양이의 날』(이현) 제3장 위기 부분에는 특히 길고양이들의 영역으로 인한 갈등 상황이 나옵니다. '영역'이란 어떤 것일까요? 특히 고양이들에게 어떤 의미일까요?

활동	단어 탐구 : '영역'에 대하여

• '영역'의 뜻과 유의어를 정리해 봅시다.

• 고양이에게 영역이란 어떤 의미일지 생각해 봅시다.

• '영역'이라는 단어와 관련지어 궁금한 정보를 찾아 정리해 봅시다.

[도움말]

☞ 선생님과 함께 수업한 학생들은 '영역'에 대해 궁금한 것으로 단순히 '영역'이라는 단어가 포함된 경우도 있었고, '영역 동물의 종류', '고양이나 강아지가 자신의 영역을 지키는 방법' 등 '영역 동물'과 관련된 정보도 있었어요. '오케스트라의 영역', '미술의 영역'과 같이 자신의 취미를 하나의 영역으로 지정하고 세부적인 내용을 정리하거나 '혀의 영역', '수능 언어 영역'과 같이 궁금한 내용을 조사하기도 했답니다. '독도가 한국의 영역이라는 증거'처럼 역사나 사회적 측면과 연계한 조사도 의미 있어요.

※ 참고 ※ 여기서 잠깐, 학생이 작성한 예시 자료를 참고해 보아요!

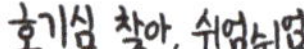

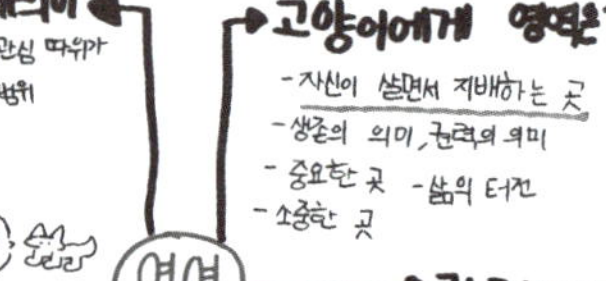

9차시

성장 가득 샛길 활동

고양이에게 영역은 어떤 의미인지 앞서 이미 다뤘습니다. 그중에서 '가치 있고 중요하며 소중한 것'이라는 의견을 여러분의 삶과 연계해서 이번 시간에는 깊이 생각해 보면 좋을 것 같아요.

활동	'나만의 영역' 소개하기

- 자신에게 중요하거나 꼭 갖고 싶은 '나만의 영역'은 무엇이 있을까요? 가정이나 학교에서의 공간, 취미나 진로, 특기와 관련지어 생각해 봅시다.

- 그 영역이 자신에게 중요한 이유는 무엇인가요?

• 그 영역과 관련된 사건이나 경험은 무엇이 있나요?

• 그 영역과 관련지어 더욱 성장하기 위해 필요한 실천은 무엇이 있을까요?

[도움말]

☞ 선생님과 함께 수업한 학생들은 '나만의 영역'으로 '태권도', '내 방 침대', '바리스타', '태권도', '미술', '오케스트라 연주', '내 방 덕질존', '책상 서랍 속 비밀 상자', '장래 희망 ○○○' 등을 꼽았답니다. 여러분에게 중요한 영역은 단순히 공간에 머물지 않고 개인적 경험과 관련된 정서적 특징과도 관련지을 수 있으니, 천천히 생각해 봅시다.

※ 참고 ※ 여기서 잠깐, 학생이 작성한 예시 자료를 참고해 보아요!

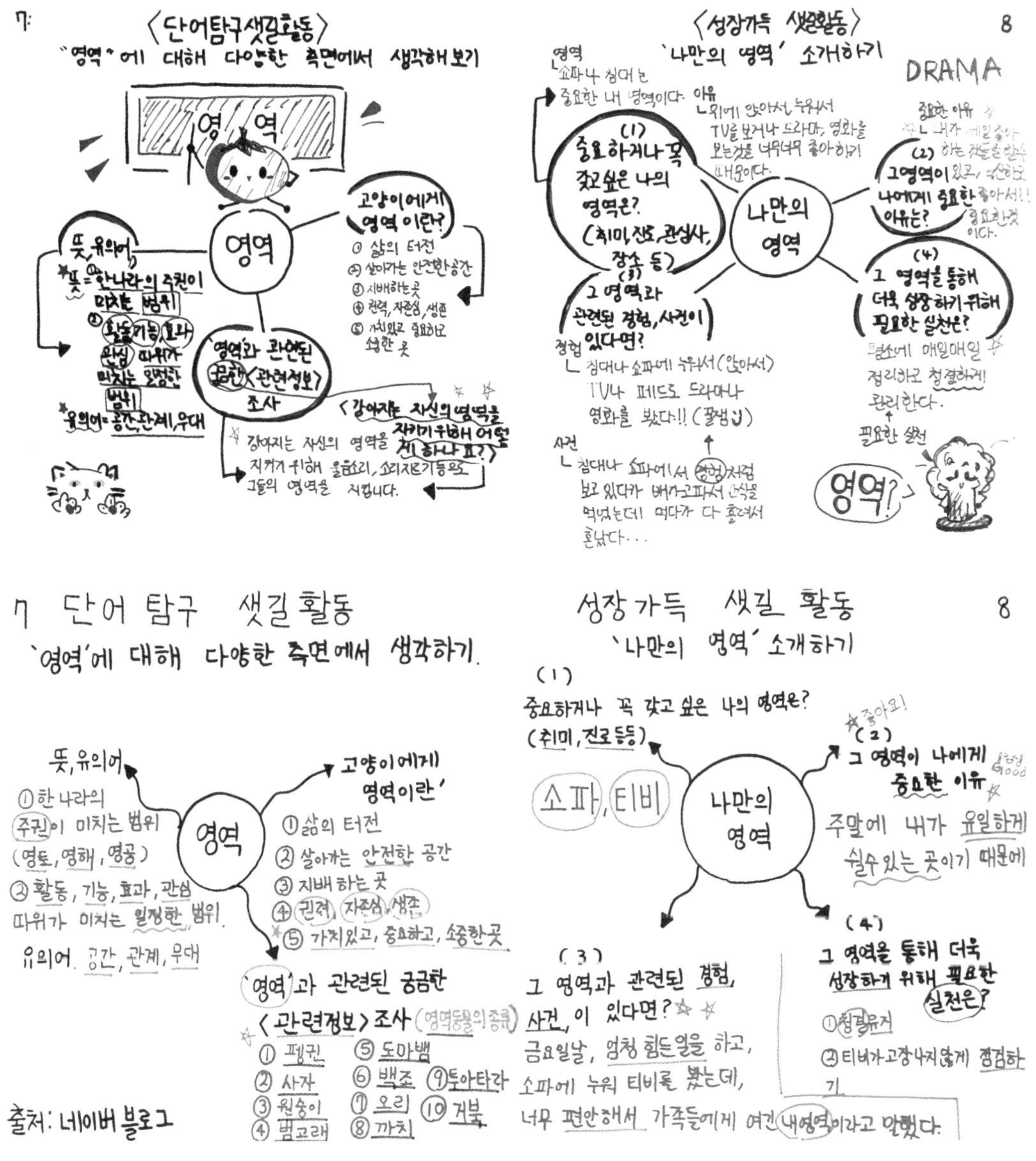

『고양이의 날』 제4장

‘절정’ 슬로리딩

『고양이의 날』(이현)의 절정은
창비청소년문학50 『파란 아이』(2021, 박숙경 엮음, 창비) 소설집의
135쪽~143쪽에 해당합니다.

10차시

제4장 절정 : 슬로리딩 기본 활동 1

잿빛 줄무늬 고양이는 어미가 자신도 내쫓으려 한다고 생각했습니다. 과연 검은 고양이는 자신이 영역을 차지하기 위해 하얀 고양이와 제 새끼인 잿빛 고양이마저 버리려는 것일까요? 검은 고양이는 잿빛 고양이에게 무엇을 알려주려는 걸까요? 무엇을 선물하고 싶었던 걸까요?

『고양이의 날』(이현) 제4장 절정을 읽어 봅시다.

활동 1	『고양이의 날』(이현) 제4장 절정 부분을 천천히 소리 내어 1회 읽어 봅니다. 글을 읽을 때는 앞뒤 문맥의 흐름과 의미를 생각하며 자연스럽게 끊어 읽습니다.

활동 2	읽으면서 모르거나 궁금한 단어에 ○ 표시를 합니다.

활동 3	나만의 단어장 & 한 줄 창작 1

- ○ 표시한 단어 중 두 개 이상 고르고, 뜻, 유의어나 반의어를 정리합시다.
- 뜻을 정리한 단어를 활용하여 짧은 문장을 한 줄 만들어 봅시다.

단어	뜻, 유의어, 반의어	한 줄 창작

〈예〉 탄성	뜻 - 매우 감탄하는 소리 유의어 - 탄식 〈출처〉 표준국어대사전	우리는 그녀의 용기에 박수를 치고 탄성을 질러댔다.

[선생님과 함께 생각해 보아요!]

☞『고양이의 날』(이현) 제4장 절정을 읽으면서 궁금하거나 모르는 단어를 골라 ○ 표시를 했지요? 선생님과 수업한 학생들은 대체로 '탄성', '미동', '도발한', '곤두서다', '여지', '극구', '희열', '유영', '둥치', '치장한', '유영하는', '한갓', '하염없이', '되뇌다', '앙칼지게', '앙상하게', '몰골', '광활한', '황량한', '입때껏' 등의 단어들을 골랐답니다.

활동 4	나만의 단어장 & 한 줄 창작

- ○ 표시한 단어들의 뜻을 앞뒤 문장과 문맥의 흐름으로 추측해 봅시다.
- ○ 표시한 단어들의 뜻은 책에 메모하고, '도발하다', '희열', '유영하다', '광활하다', '황량하다' 중에서 자세히 정리하고 싶은 단어를 한 개 골라 주세요.
- 고른 단어의 뜻, 유의어나 반의어, 사전에 나온 예문, 단어가 사용된 작품의 본문 속 문장을 아래의 표에 정리합니다.
- 이제 다양한 정보를 바탕으로 그 단어가 익혀졌지요? 그렇다면 그 단어를 활용하여 짧은 문장을 한 줄 만들어 봅시다.

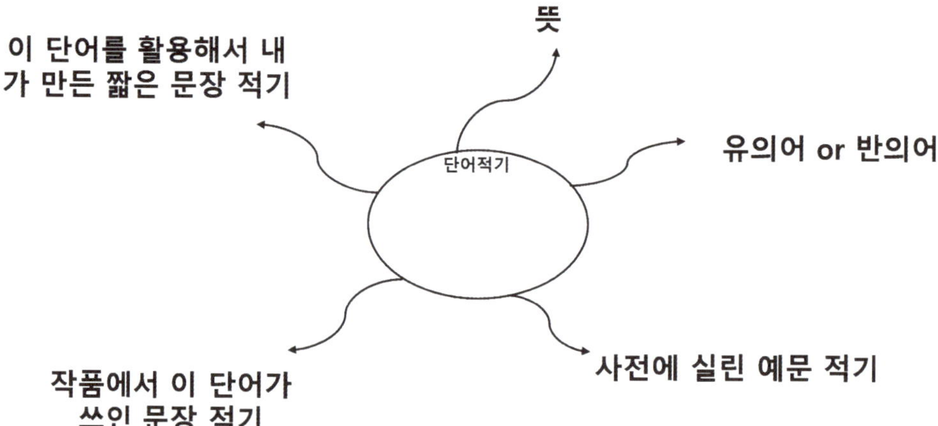
뜻
이 단어를 활용해서 내
가 만든 짧은 문장 적기
단어적기
유의어 or 반의어
작품에서 이 단어가
쓰인 문장 적기
사전에 실린 예문 적기

11차시

제4장 절정 : 슬로리딩 기본 활동 2

여러분은 소설을 읽으면서 등장인물의 말과 행동을 보며 어떤 생각을 하나요? '나라면 그 상황에서 이렇게 할 텐데'라거나 '왜 그런 말을 한 걸까?'라는 질문을 떠올린 적이 있나요?

소설의 내용 중에서 여러분의 가슴에 새겨진 인상적인 대사나 장면이 있나요? 이번 시간에는 제4장 절정 내용을 읽으면서 떠오르는 궁금한 내용을 질문하고 인상적인 장면을 생각해 보는 시간을 가져 봅시다.

활동 1	궁금? 궁금! 질문을 잡아라

- 『고양이의 날』(이현) 제4장 절정을 다시 천천히 읽으며 궁금한 내용을 질문으로 1개 만들어 봅시다.
- 그 질문에 대한 자신의 생각을 적어 봅시다.

[이럴 땐! 어떻게?]

〈질문〉『고양이의 날』(이현) 제4장에서는 어떤 질문이 적당할까요?

☞ 제4장에는 어미 고양이인 검은 고양이가 지금까지 왜 하얀 고양이를 영역에서 내쫓고, 왕초 고양이의 영역을 침범하면서까지 위험을 무릅쓴 건지 그 이유들이 나옵니다.

☞ 검은 고양이의 대사를 중심으로 궁금한 내용을 질문으로 만들어도 좋습니다. '○○○은 ~라고 했다.'라는 문장이 있다면, '왜 ○○○은 ~라고 했을까?' 등의 질문의 형식으로 바꾸면 된답니다.

내가 만든 질문		질문에 대한 나의 생각
질문		
예시	검은 고양이가 잿빛 줄무늬 고양이에게 가르쳐 준 '고양이의 눈'은 무엇을 의미할까?	하얀 고양이를 영역 밖으로 내몰고 왕초 고양이를 도발하면서 추격전을 벌인 이유는 결국 잿빛 고양이가 높은 나무 위에서 세상을 바라보며 '고양이의 눈'을 알도록 하기 위함이었으므로 살아가는 힘, 세상을 바라보는 안목, 삶의 지혜와 성장의 경험 등을 뜻하는 것 같다.

활동 2 인상적인 장면, 클릭! 클릭!

- 『고양이의 날』(이현) 제4장 절정 부분을 읽으며 인상적인 장면이나 구절 등을 골라 그대로 필사해 봅시다.
- 그 부분이 인상적인 이유를 구체적으로 설명해 봅시다.

인상적인 장면이나 구절 필사	인상적인 이유

활동 3	예측하며 읽기

• 『고양이의 날』(이현) 제4장 절정을 읽으면서 예측한 내용을 적어 봅시다.

예측하게 한 부분 적기	예측한 내용 적기

활동 4	등장인물 탐구

• 『고양이의 날』(이현) 제4장 절정을 읽으면서 검은 고양이가 잿빛 줄무늬 고양이에게 한 대사들을 필사하고, 어미로서 어떤 가르침을 주고 싶은 것인지 생각해 봅시다.

검은 고양이가 잿빛 줄무늬 고양이에게 한 말들 필사하기	검은 고양이가 잿빛 줄무늬 고양이에게 주고 싶은 가르침
①	

②	
③	
④	

활동 5	중심 사건 두 줄 요약, 개성 만점 내 맘대로 소제목 달기

• 『고양이의 날』(이현) 제4장의 중심 사건을 인물, 사건, 배경을 중심으로 요약합니다.

• 『고양이의 날』(이현) 제4장의 중심 사건을 바탕으로 여러분이 작가가 되어 제4장의 소제목을 짓고, 그렇게 지은 이유를 적어 봅시다.

소제목	이유

※ 참고 ※ 여기서 잠깐, 학생이 작성한 예시 자료를 참고해 보아요!

절정 소제목	이유
잿빛 고양이의 눈	잿빛 고양이가 나무에 오르고 성공하면서 결국 고양이의 눈을 가지게 되어서
새로운 경험, 용기	마지막은 아니지만, 나무에 오른 경험은 처음이고 새로움이며 용기가 필요한 일이어서
어미 고양이의 가르침	잿빛 고양이가 나무를 타고 오르는 것이 부족해도 무서워하지 않도록 천천히 기다려 준 어미 고양이의 가르침 덕분에 결국 잿빛 고양이가 한 단계 성장하게 되어서
성장 후, 얻은 것과 이별	잿빛 고양이가 한 번도 올라가 보지 못했던 나무를 올라 고양이의 눈을 얻었지만, 어미 고양이는 그 고양이의 눈을 잿빛 고양이가 얻게 되자 결국 떠나게 되었기 때문에
어미가 알려주고 싶었던 '고양이의 눈'	검은 고양이가 잿빛 고양이에게 자신이 마지막으로 떠나기 전에 '고양이의 눈'을 알려 주고 싶어 했기 때문에
잿빛 고양이의 새로운 날의 시작	잿빛 고양이가 엄마와 헤어졌지만, 고양이의 눈을 배우고 스스로 독립할 수 있는 힘을 가지며 새로운 날을 살아갈 것 같아서
위기를 기회로 바꾸다	잿빛 고양이가 왕초 고양이에게 당할 뻔한 위기를 넘겨서 오히려 성장의 기회로 삼았으므로

12차시

명대사 패러디 문장 만들기

'고양이의 날'(이현)의 제4장 절정에는 독립을 앞둔 잿빛 줄무늬 고양이의 성장과 자립의 과정이 잘 드러납니다. 특히 절정 부분에는 여러분들이 꼭 깨닫길 바라는 도전과 성장이 곳곳에 숨어 있습니다. 우리는 태어나서 살아가는 동안, 수많은 고난과 갈등을 마주합니다. 진정한 성장은 지금까지 두려워서 한 번도 시도해 보지 못했던 높은 벽을 용기 내어 계단으로 만들며 한 걸음씩 내딛는 첫 걸음에서 출발하는 것입니다. 독립을 앞둔 잿빛 줄무늬 고양이도 그런 용기를 내어, 태어나서 처음으로 높은 나무 위에 올라갔습니다.

그 과정에서 검은 고양이가 말한 '고양이의 눈'과 관련된 주요 문장을 모방 및 변형하여 멋지게 표현해 보도록 합시다.

활동 1	잿빛 줄무늬 고양이의 성장의 순간

• 잿빛 줄무늬 고양이가 이전과 달리 한 단계 성장했다고 생각되는 순간을 제4장 절정에서 찾아 필사해 봅니다.

①
②

③

활동 2 '고양이의 눈' 필사하기

• 검은 고양이가 잿빛 줄무늬 고양이에게 말한 '고양이의 눈' 문장을 필사해 봅니다.

활동 3 '고양이의 눈' 해석하기

• '고양이의 눈'을 가진 고양이와 그렇지 않은 고양이는 각각 어느 등장인물을 가리킬까요? 그 고양이들의 특징은 각각 무엇일까요?

'고양이의 눈'을 가진 고양이와 그 특징	'고양이의 눈'을 가지지 못한 고양이와 그 특징

• '고양이의 눈'이 상징하는 의미는 무엇일까요?

활동 4	"세상에는 ○을 가진 ☆와 그렇지 못한 ☆가 있다."

• 『고양이의 날』(이현) 제4장에서 검은 고양이가 잿빛 줄무늬 고양이에게 한 대사 중에서 위의 표현과 관련 있는 대사를 필사해 봅시다.

• 이 문장을 모방하여 다양하게 표현해 봅시다.

※ 참고 ※ 여기서 잠깐, 학생이 작성한 예시 자료를 참고해 보아요!

- 세상에는 두 종류의 노력이 있다. 남이 시켜서 하는 노력과 내가 스스로 하는 노력이.
- 세상에는 두 종류의 음식이 있다. 내 입맛에 맞는 음식과 그렇지 않은 음식이.
- 세상에는 두 종류의 학생이 있다. 예의 바르게 행동하는 학생과 그렇지 않은 학생이.
- 세상에는 두 종류의 동물이 있다. 자신의 욕구를 조절할 수 없는 진짜 동물과 자신의 욕구를 조절할 수 있는 사람이라는 동물이.
- 세상에는 두 종류의 사람이 있다. 자존감이 높아 누가 날 평가하든 점수를 매기든 상관하지 않는 사람과 자존감이 낮아 나를 평가하면 감정을 조절하지 못하고 싸우는 사람이.
- 세상에는 두 종류의 마음가짐이 있다. 작심삼일로 끝내는 다짐과 꾸준히 자신의 일을 끝까지 하는 다짐이.
- 세상에는 두 종류의 신발이 있다. 반짝반짝 빛나는 부유한 집안의 신발과 낡고 볼품없는 가난한 집안의 신발이.
- 세상에는 두 종류의 사람이 있다. 고마움을 알고 남에게 베풀 줄 아는 사람과 남에게 베풀 줄 모르고 받기만 하는 사람이.
- 세상에는 두 종류의 사람이 있다. 인생의 즐거움을 아는 사람과 그렇지 못한 사람이.
- 세상에는 두 종류의 물건이 있다. 모든 쓸모를 다 하고 버려지는 물건과 자신의 쓸모를 다하지 못하고 버려지는 아까운 물건이.
- 세상에는 두 종류의 지우개가 있다. 연필이 한 실수를 제대로 지워 주는 지우개와 그렇지 못한 지우개가.
- 세상에는 두 종류의 관계가 있다. 그저 시간을 함께 하다가 스쳐 지나가는 사람과 평생을 함께 하며 추억을 나누는 인생의 동반자가.
- 세상에는 두 종류의 생각을 가진 사람이 있다. 세상과 사람에 대해 편견을 가진 사람과 그렇지 않고 따뜻하게 세상을 바라보는 사람이.
- 세상에는 두 종류의 별이 있다. 밤하늘에 머물러 있는 별과 다른 곳을 향해 빠르게 지나가는 별이.
- 세상에는 두 종류의 아기 새가 있다. 포기하지 않고 날아보는 아기 새와 그렇지 않은 아기 새가.

- 세상에는 두 종류의 세계가 있다. 다 같이 협력하면서 살아가야 하는 공동의 세계와 그렇지 않고 나에게 집중할 수 있는 나만의 개인적인 세계가.
- 세상에는 두 종류의 학생이 있다. 학교에 자러 오는 학생과 그렇지 않은 학생이.
- 세상에는 두 종류의 친구가 있다. 배려심이 넘치는 진정한 친구와 그렇지 않은 이기적인 친구가.
- 세상에는 두 종류의 친구가 있다. 우정을 중요시하는 진정한 친구와 그렇지 못한 친구가.
- 세상에는 두 종류의 사람이 있다. 매일매일 목표를 세워나가고 성장하는 사람과 그렇지 못한 사람이.
- 세상에는 두 종류의 사람이 있다. 자기 스스로 문제를 파악하고 해결하는 사람과 그렇지 못한 사람이.
- 세상에는 두 종류의 시간 관리자가 있다. 시간이 언제 흘러가나 수동적으로 기다리고 있는 사람과 자신에게 주어진 시간이 아까워 조금이라도 열심히 살아가는 능동적인 사람이.
- 세상에는 두 종류의 학교가 있다. 학생의 의견을 잘 받아들이는 학교와 그렇지 않은 학교가.

『고양이의 날』 제5장

'결말' 슬로리딩

『고양이의 날』(이현)의 결말은

창비청소년문학50 『파란 아이』(2021, 박숙경 엮음, 창비) 소설집의

143쪽~146쪽에 해당합니다.

13차시

제5장 결말 : 슬로리딩 기본 활동 1

이제 결말에는 어떤 내용이 담겨 있을까요? 검은 고양이와 잿빛 줄무늬 고양이는 결국 이별하게 될까요? '고양이의 날'은 어떤 날일까요?

『고양이의 날』(이현) 제5장 결말을 읽어 봅시다.

활동 1	『고양이의 날』(이현) 제5장 결말 부분을 천천히 소리 내어 1회 읽어 봅니다. 글을 읽을 때는 앞뒤 문맥의 흐름과 의미를 생각하며 자연스럽게 끊어 읽습니다.

활동 2	읽으면서 모르거나 궁금한 단어에 ○ 표시를 합니다.

활동 3	나만의 단어장 & 한 줄 창작 1

- ○ 표시한 단어 중 두 개 이상 고르고, 뜻, 유의어나 반의어를 정리합시다.
- 뜻을 정리한 단어를 활용하여 짧은 문장을 한 줄 만들어 봅시다.

단어	뜻, 유의어, 반의어	한 줄 창작

〈예〉 구태여	뜻 - 일부러 애를 써가며 유의어 - 굳이, 기어이, 끝까지 〈출처〉 표준국어대사전	그녀는 구태여 약속 장소 앞에서 발길을 돌려 집으로 향했다.

[선생님과 함께 생각해 보아요!]

☞ 『고양이의 날』(이현) 제5장 결말을 읽으면서 궁금하거나 모르는 단어를 골라 ○ 표시를 했지요? 선생님과 수업한 학생들은 대체로 '사뭇', '한사코', '여느', '구태여', '아련한', '시나브로', '어슴푸레한' 등의 단어들을 골랐답니다.

활동 4	나만의 단어장 & 한 줄 창작

- ○ 표시한 단어들의 뜻을 앞뒤 문장과 문맥의 흐름으로 추측해 봅시다.
- ○ 표시한 단어들의 뜻은 책에 메모하고, '시나브로', '아련하다', '한사코' 중에서 자세히 정리하고 싶은 단어를 한 개 골라 주세요.
- 고른 단어의 뜻, 유의어나 반의어, 사전에 나온 예문, 단어가 사용된 작품의 본문 속 문장을 아래의 표에 정리합니다.
- 이제 다양한 정보를 바탕으로 그 단어가 익혀졌지요? 그렇다면 그 단어를 활용하여 짧은 문장을 한 줄 만들어 봅시다.

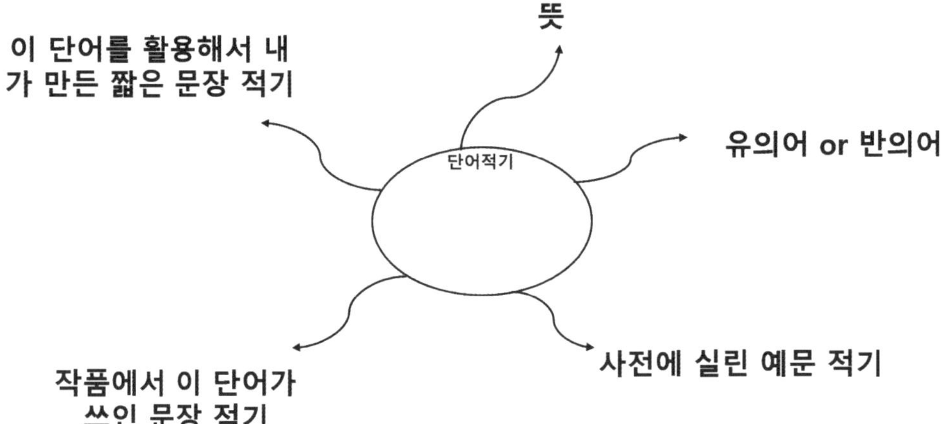
뜻
이 단어를 활용해서 내
가 만든 짧은 문장 적기
유의어 or 반의어
단어적기
작품에서 이 단어가
쓰인 문장 적기
사전에 실린 예문 적기

14차시

제5장 결말 : 슬로리딩 기본 활동 2

여러분은 소설을 읽으면서 등장인물의 말과 행동을 보며 어떤 생각을 하나요? '나라면 그 상황에서 이렇게 할 텐데'라거나 '왜 그런 말을 한 걸까?'라는 질문을 떠올린 적이 있나요?

소설의 내용 중에서 여러분의 가슴에 새겨진 인상적인 대사나 장면이 있나요? 이번 시간에는 제5장 결말 내용을 읽으면서 떠오르는 궁금한 내용을 질문하고 인상적인 장면을 생각해 보는 시간을 가져 봅시다.

활동 1	궁금? 궁금! 질문을 잡아라

- 『고양이의 날』(이현) 제5장 결말을 다시 천천히 읽으며 궁금한 내용을 질문으로 1개 만들어 봅시다.
- 그 질문에 대한 자신의 생각을 적어 봅시다.

[이럴 땐! 어떻게?]

〈질문〉『고양이의 날』(이현) 제5장에서는 어떤 질문이 적당할까요?

☞ 제5장에는 검은 고양이와 잿빛 줄무늬 고양이의 이별 장면이 나옵니다. 그리고 '고양이의 날'이라는 제목이 주는 의미도 있지요.

☞ 검은 고양이의 대사를 중심으로 궁금한 내용을 질문으로 만들어도 좋습니다. 또는 잿빛 줄무늬 고양이의 상황과 관련지어 '만약 내가 잿빛 고양이라면 ~의 상황에서 어떻게 했을까?' 등의 질문을 해도 좋을 것 같네요.

내가 만든 질문		질문에 대한 나의 생각
질문		
예시	잿빛 줄무늬 고양이는 검은 고양이와 이별할 때, 어떤 심정이었을까?	지금까지 어미 옆에서 도움받고 살다가 스스로 세상을 살아가야 할 시점이 되어 두렵기도 하고 한편 어미와의 이별이 슬플 것 같다.

활동 2 인상적인 장면, 클릭! 클릭!

- 『고양이의 날』(이현) 제5장 결말 부분을 읽으며 인상적인 장면이나 구절 등을 골라 그대로 필사해 봅시다.
- 그 부분이 인상적인 이유를 구체적으로 설명해 봅시다.

인상적인 장면이나 구절 필사	인상적인 이유

활동 3 예측하며 읽기

- 『고양이의 날』(이현) 제5장 결말을 읽으면서 뒤에 나올 이야기를 예측해 봅시다.

예측하게 한 부분 적기	예측한 내용 적기

활동 4 중심 사건 두 줄 요약, 개성 만점 내 맘대로 소제목 달기

- 『고양이의 날』(이현) 제5장의 중심 사건을 인물, 사건, 배경을 중심으로 요약합니다.

- 『고양이의 날』(이현) 제5장의 중심 사건을 바탕으로 여러분이 작가가 되어 제5장의 소제목을 짓고, 그렇게 지은 이유를 적어 봅시다.

소제목	이유

※ 참고 ※ 여기서 잠깐, 학생이 작성한 예시 자료를 참고해 보아요!

결말 소제목	이유
고양이들의 이별, 새로운 시작	고양이들이 이제 이별을 맞고, 모두가 새로운 시작을 하게 되므로
고양이들의 아름다운 헤어짐	어미 고양이와 함께 같이 남을 수도 있었지만, 독립을 선택한 잿빛 고양이의 용기가 정말 아름답고 멋져서
고양이의 날, 그리고 성장	많은 일이 있었던 어제, '고양이의 날'이 지나고 새로운 날로 나아가는 '성장'의 모습이 담겨 있어서
이별, 그리고 또 다른 시작	잿빛 고양이와 엄마가 이별을 했고, 동시에 또 다른 시작이 되는 장면이므로
눈에 의해 가려진 울음	배경이 눈이 오는 날이기도 하고 어미와 헤어지는 잿빛 고양이의 '여린 울음'이라는 표현이 나와서

『고양이의 날』

종합 감상

『고양이의 날』(이현)의 종합 감상편은
창비청소년문학50 『파란 아이』(2021, 박숙경 엮음, 창비) 소설집의
119쪽~146쪽 '고양이의 날' 전체에 해당합니다.

15차시

질문으로 책 대화하기

질문은 소설 속 중심 사건과 등장인물을 둘러싼 다양한 상황을 깊이 있게 이해하는 데 길잡이 역할을 한답니다. 이번 시간에는 질문 만들기 연습을 통해 소설을 더 깊이 있게 감상할 수 있는 시간을 가져 봅시다.

활동 1	질문 만들기 연습 1 : 내용 확인 질문 만들기

•『고양이의 날』(이현)의 작품 내용을 잘 이해했는지 확인하는 질문을 2개 만들어 봅시다.

질문 1	
질문 2	

[도움말]

☞ 내용 확인 질문은 답을 작품에서 정확히 찾을 수 있는 질문으로, 주요 사건과 등장인물의 정보를 묻는 질문입니다. 여러분이 알고 있는 ○, × 또는 독서 퀴즈 형식의 단답식 질문이 해당할 수 있겠네요.

☞ 예를 들어, '노란 고양이가 독립하여 자신의 영역을 만든 곳은 어디인가요?', '잿빛 고양이를 밴 채 하얀 고양이의 영역에 들어온 고양이는 누구인가요?', '하얀 고양이, 검은 고양이, 잿빛 줄무늬 고양이가 침범한 곳은 누구의 영역인가요?', '잿빛 줄무늬 고양이가 왕초 고양이를 피해 간 곳은 어디인가요?' 등이 해당합니다.

활동 2	질문 만들기 연습 2 : 해석 평가 질문 만들기

• 『고양이의 날』(이현)에 등장하는 인물들이 한 행동이나 선택에 대해 평가하는 질문을 2개 만들어 봅시다.

질문 1	
질문 2	

[도움말]

☞ 해석 평가 질문은 등장인물의 말이나 행동에 대해 추론, 해석, 평가하는 질문으로, 사건과 상황을 해석하고 평가하거나 작품의 주제나 작가의 창작 의도와 관련짓는 질문입니다. 해석 평가 질문 만들기를 통해 여러분은 작품에서 등장인물이 한 행동이나 선택에 대해 평가하거나 비판, 공감할 수 있답니다.

☞ 예를 들면, '왜 검은 고양이는 잿빛 고양이에게 고양이의 눈을 알려주고 싶었을까?', '하얀 고양이처럼 스스로의 힘으로 살지 않고 누군가에게 의존하는 삶은 바람직한가?', '검은 고양이가 잿빛 고양이의 독립을 위해 일부러 꾀죄 고양이에게 쫓겨 나무 위로 올라가게 한 행동은 잘한 것일까?' 등이 해당하지요.

활동 3	질문 만들기 연습 3 : 삶과 연계한 질문 만들기

• 『고양이의 날』(이현)을 읽고, 우리들의 삶과 연계하여 작품 속 상황과 사회, 현실과 연결한 질문을 2개 만들어 봅시다.

질문 1	
질문 2	

[도움말]

☞ 삶과 연계한 질문은 작품 내용과 관련 있는 삶의 문제와 고민을 생각해 보게 하는 질문, 사회나 역사, 문화적 현상과 관련지은 질문, 작품의 주제, 핵심 키워드를 삶과 연계한 질문, 작품 내용 중 일부를 자신의 삶과 연관 지어 생각해 보게 하는 질문입니다. 삶 연계 질문 만들기를 통해 작품 속 상황과 사회, 현실, 삶과 연결하여 말해 볼 수 있답니다.

☞ 예를 들어, '우리는 어떤 도전 앞에서 두려움이 기대와 흥분으로 바뀌는가?', '우리는 언제, 왜 부모님께 서운한가?', '자녀의 독립을 위해 필요한 부모의 태도는 어떠해야 할까?', '성장과 자립을 위해 요즘 청소년들에게 꼭 필요한 도전과제는 무엇일까?', '과거에 비해 요즘 부모님들이 자녀에 대한 과잉보호가 심한 이유는 무엇일까?' 등이 있겠네요.

활동 4	질문 만들기 연습 4 : 샛길 질문 만들기

• 『고양이의 날』(이현)을 읽고, 호기심이 생기거나 궁금해서 조사해 보고 싶은 질문을 2개 만들어 봅시다.

질문 1	
질문 2	

[도움말]

☞ 샛길 질문은 작품 내용과 직접적인 관련은 적어 보이지만, 작품에 나타난 내용 중 정보 찾기, 체험, 탐색을 통해 작품을 보다 깊이 이해하는 데 도움이 되고 배움이 깊어지는 질문입니다. 이는 작품에 등장하는 단어, 문장, 상황, 소재, 주제에서 출발하여 학생들의 호기심을 자극하며 탐색하는 활동으로 연결할 수 있답니다. 앞서 설명했던 '영역'과 관련된 단어 탐구 샛길 활동도 작품 속 등장인물들의 상황에서 '영역'이라는 단어를 추출하여 다양하게 탐색한 것이지요. 이런 샛길 질문 만들기를 통해 작품을 읽으며 궁금했거나 조사하고 싶은 내용을 고민해 볼 수 있답니다.

☞ 예를 들면, '길고양이의 수명과 주된 먹이는?', '페르시안 고양이의 특징은?', '동물의 영역과 사람의 영역은 어떤 공통점과 차이점이 있을까?', '고양이들의 언어는 어떤 종류와 표현 방식의 특징이 있을까?', '자녀를 대하는 부모의 양육 방식은 어떤 유형들로 구분되는가?', '과잉보호와 방임이 자립과 독립에 미치는 영향은 어떠할까?', '길고양이의 삶을 소재로 시를 짓는다면 어떤 작품이 탄생할까?' 등이 해당됩니다.

활동 5	의미 있는 책 대화 질문 만들기

• 위의 질문들 중에서 해석 평가 질문이나 삶 연계 질문을 활용하여 친구들과 『고양이의 날』에 대해 책 대화할 수 있는 의미 있는 질문(다양한 생각이 나올 수 있는 질문, 작품의 주제나 작가의 의도와 관련된 질문)을 2개 만들어 봅시다.

질문 1	
질문 2	

〈질문〉 '궁금궁금 질문을 잡아라'에서 한 질문과 친구들과 책 대화하기 위한 의미 있는 질문은 어떻게 다른가요?

☞ 슬로리딩 기본 활동에서 한 '궁금궁금 질문을 잡아라'에서 한 질문은 발단, 전개, 위기, 절정, 결말 등 소설의 구성 단계별로 몇 쪽씩 구분하여 읽으면서 각 단계에 나오는 중심 사건이나 등장인물들의 말과 행동 등에 대한 궁금증을 질문으로 했었지요.

☞ '의미 있는 책 대화 질문'은 작가의 창작 의도나 작품을 감상한 후, 친구들과 함께 이야기해 볼 만한 의미 있는 질문, 작품 전체를 관통하는 핵심 키워드인 '성장', '자립', '도전' 등과 관련지어 작품을 종합적으로 감상하도록 돕는 질문을 말한답니다. 이런 질문들은 『고양이의 날』(이현)을 함께 읽은 친구들과 작품에 대해 깊이 있는 생각을 나누면서 사고력이 한층 성장하는 기회를 주지요.

※ 참고 ※ 여기서 잠깐, 학생이 작성한 예시 자료를 참고해 보아요!

- 왕초가 잿빛 고양이를 덮치려 하는데도 그저 지켜보기만 하는 어미의 행동은 옳은가?
- 나라면 왕초 고양이가 다가오는 위험한 상황에서 어떻게 행동하고, 해결할 수 있을까?
- 만약 잿빛 고양이가 '고양이의 눈'을 몰랐다면, 잿빛 고양이의 삶은 어떻게 되었을까?
- 한 걸음 성장한 잿빛 고양이는 자신에 대해 어떻게 생각하게 되었을까?
- '고양이의 눈'을 가지게 되는 것은 주인공의 삶에 어떤 영향을 줄까?
- 영역을 침범하지 않는 것이 고양이가 사는 법이라면, 인간이 사는 법은 무엇일까?
- '고양이의 눈'처럼 자신만의 눈을 가진 사람과 가지지 못한 사람의 차이점은 무엇일까?
- 반드시 '고양이의 눈'을 가진 고양이만이 강한 고양이일까?
- 만약 어미 고양이가 잿빛 고양이에게 스스로 살아가는 방법을 알려 주지 않았다면 어떻게 되었을까?
- 내가 검은 고양이라면 잿빛 고양이를 어떻게 키울 것인가?
- 잿빛 고양이에게 '고양이의 눈'이 중요하듯이, 우리 청소년들에게는 무엇이 가장 중요할까?

• 나의 성장 순간은 언제 있었고, 앞으로 더 성장하려면 어떤 경험이 필요할까?
• 잿빛 고양이와 같이 한 단계 더 성장하고 도전하려면 어떤 자세를 가져야 할까?
• 내가 어미 고양이였다면 잿빛 고양이에게 어떻게 '고양이의 눈'을 알려 줄 수 있을까?

16차시

생각하는 힘을 기르는 샛길 토론 활동

검은 고양이가 잿빛 줄무늬 고양이의 독립과 성장을 위해 왕초 고양이의 영역을 침범하는 위험을 무릅쓰고 한 행동들에 대해 여러분은 어떻게 생각하나요?

활동 1	등장인물의 선택은 과연 옳은가?

'검은 고양이가 잿빛 고양이의 성장과 자립을 위해 왕초 고양이에게 쫓기게 하여 높은 나무 위로 오르도록 한 선택은 잘한 것인가?'

주장 1	주장 2
잿빛 고양이의 독립을 위해 부모로서 필요한 선택이었다.	잿빛 고양이가 스스로 독립할 때까지 기다려 주어야 한다.
이유	**이유**

[도움말]

☞ 소설을 천천히 깊게 이해하는 방법 중에서 등장인물의 선택을 작품 속의 중심 사건과 관련지어 다양한 시각에서 살펴보는 토론 활동을 추천하고 싶습니다. 토론이므로 혼자서는 하기 어렵겠지요? 『고양이의

날』(이현)을 함께 읽은 친구들과 의견을 나누어 보면 좋겠군요.

☞ 특히 한 가지 주장에 대해서만 선택적으로 자신의 의견을 정리하는 것이 아니라, 두 가지 주장에 대한 이유를 정리해 보고 친구들과 의견을 나누어 보길 추천드립니다.

활동 2	친구들과 의견 교환하기

주장 1	주장 2
잿빛 고양이의 독립을 위해 부모로서 필요한 선택이었다.	잿빛 고양이가 스스로 독립할 때까지 기다려 주어야 한다.
친구들이 말한 이유 중에서 좋은 내용 수집하기	**친구들이 말한 이유 중에서 좋은 내용 수집하기**

활동 3	최종 나의 의견은?

- 자신과 친구들의 생각을 바탕으로 최종적으로 주장 1과 주장 2 중에서 선택한 자신의 의견을 정리해 봅시다. 그렇게 생각하는 이유도 구체적으로 작성해 봅니다.

최종 나의 의견	
그렇게 생각하는 이유	

※ 참고 ※ 여기서 잠깐, 학생이 작성한 예시 자료를 참고해 보아요!

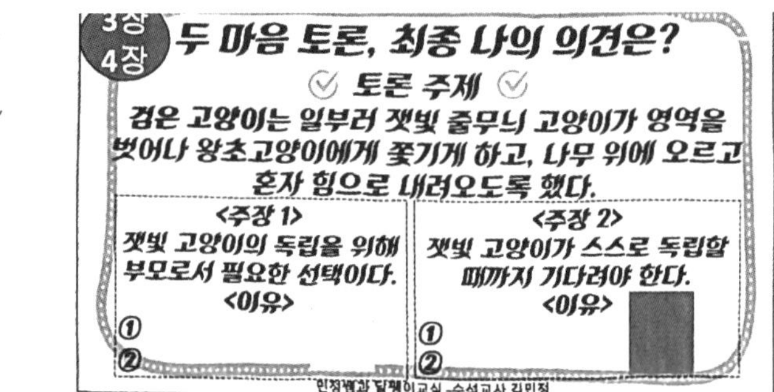

3장 4장 두 마음 토론, 최종 나의 의견은?

토론 주제

검은 고양이는 일부러 잿빛 줄무늬 고양이가 영역을 벗어나 왕초고양이에게 쫓기게 하고, 나무 위에 오르고 혼자 힘으로 내려오도록 했다.

<주장 1> 잿빛 고양이의 독립을 위해 부모로서 필요한 선택이다.	<주장 2> 잿빛 고양이가 스스로 독립할 때까지 기다려야 한다.
<이유>	<이유>
①	①
②	②

인정쌤과 달팽이교실 -수석교사 김민정

<주장 1에 대한 이유>

①잿빛고양이의 독립을 위해 부모로서 선택 안한다면 잿빛고양이는 독립을 못할 수도 있기 때문에 부모로서 필요한 선택이다.

② 독립을 못해서 부모와 같이 살면 좀 많이 힘들기 때문에 부모로서 필요한 선택이다.

③ 부모로서 하지 않는다면 어릴때 부터 독립 경험을 쌓지 못해 다컸을땐 불리해지고 전부터 차곡차곡 경험을 쌓아놔야 생존에 유리하기 때문이다.

1323 정예은

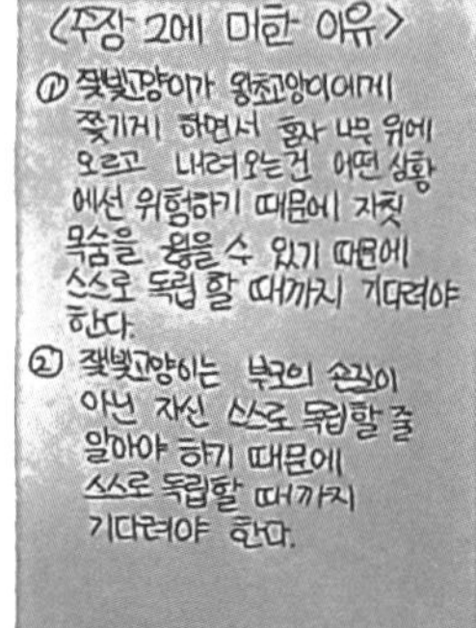

<주장 2에 대한 이유>

① 잿빛고양이가 왕초고양이에게 쫓기게 하면서 혼자 나무 위에 오르고 내려오는건 어떤 상황에선 위험하기 때문에 자칫 목숨을 잃을수 있기 때문에 스스로 독립 할 때까지 기다려야 한다.

② 잿빛고양이는 부모의 손길이 아닌 자신 스스로 독립할 줄 알아야 하기 때문에 스스로 독립할 때까지 기다려야 한다.

1323 정예은

최종 나의 의견은?

1323정예은

검은고양이가 잿빛고양이의 성장(자립)을 위해 왕초고양이에게 쫓기도록 하여 높은 나무 위로 오르도록 한 선택은 잘한것인가?

↳ 잘한 것이다. 왜냐하면 어릴 때부터 독립경험을 쌓아놔야 다컸을땐 유리해진다. 만약 쌓지 않는다면 생존에 불리해 질 수 있기 때문에 미리 쌓아놔야 한다. 어미고양이가 이런 일을 안했다면 잿빛고양이는 나무에 잘 올라가지 못하고 성장(자립)을 못했을거다. 즉, 부모로서 꼭 필요한 선택이다

…황과 입장을 이해하며 … 생각을 정리했군요.

…게 대한 각각의 이유를 …리적으로 준비했군요.

… 가치수직선 토론을 통 …종 의견을 점검하고, 그 … 이유를 작품의 내용을 …하게 제시했군요.

…이유가 타당한지 다시 살 … 있는 내용을 제시했는지 점검해 보세요.

자신의 최종 의견에 대한 이유를 작품의 내용과 관련지어 다시 점검하고 논리성과 설득력을 확보해 보세요.

17차시

표현력을 기르는 샛길 활동

『고양이의 날』(이현)에 등장하는 여러 고양이들의 성격을 비유를 활용하여 다양하게 표현해 보면 어떨까요?

활동 1	윤동주의 시 '햇비'를 통해 비유적 표현 이해하기

• 윤동주의 시 '햇비'를 필사해 봅시다.

• 시 '햇비'에서 비유적 표현이 사용된 부분을 찾아 정리해 봅시다.

비유적 표현이 사용된 부분	의미하는 것과 그 효과

활동 2	K-POP 노래 가사 속 비유 표현

• K-POP 노래 가사에 쓰인 비유 표현을 2개 찾아 그 의미를 정리해 봅시다.

비유적 표현이 사용된 K-POP 노래 가사	의미하는 것과 그 효과
〈예〉	
'남의 얘기 같던 설레는 일들이 내게 일어나고 있어. 나에게만 준비된 선물 같아. 자그마한 모든 게 커져만 가.' ('선물'-멜로망스)	'너'를 '나에게만 준비된 선물'에 빗대어 사랑으로 인한 설렘과 선물과 같은 특별한 감정을 나타냄

활동 3 비유를 활용하여 창의적으로 표현하기

• 다음 제시어와 비유의 종류를 두 개 이상 선택하여 창의적으로 표현해 봅시다.

제시어	비유의 종류	비유 표현
스마트폰	직유법	
방학		
시험	은유법	
내 방		
책	의인법	
이불		

[도움말]

☞ 시를 창작하기 전에 운율, 비유, 상징에 대해 살펴봅시다.

☞ 운율은 산문과 운문을 구별하는 가장 큰 특징으로, 시에서 소리, 단어, 구절 등의 규칙적인 반복을 통해 음악적인 효과를 내는 시의 중요한 요소입니다. 각 연의 마무리를 '~네.'와 같이 공통된 음절로 반복하면서 리듬감을 형성할 수도 있고, '~하면 ~하고'와 같이 특정한 구절이 반복되거나 한 음절의 단어를 공통적으로 사용해서 반복적인 리듬감을 줄 수도 있어요. 이러한 운율은 시의 가장 큰 특징 중 하나이므로 여러분도 시를 창작할 때 리듬감을 살려 보길 바랍니다.

☞ 비유는 말하고자 하는 대상이나 현상을 직접 설명하는 것이 아니라 유사한 특징이나 공통점이 있는 비슷한 대상에 빗대어 표현하는 것이랍니다. 이런 비유도 시에서 많이 쓰이는 중요한 요소라고 할 수 있어요. '별빛 같은 내 친구의 눈망울', '차가운 바람처럼 등을 돌린 그녀'와 같이 비유를 적절히 활용하면 좋은 시를 만들 수 있겠지요? 위의 시에서도 '말라비틀어진 생선 같은 진주'라는 표현도 비유를 활용한 것이니 참고해 봅시다.

☞ 상징은 '우정, 사랑, 그리움, 분노, 화, 외로움' 등과 같이 눈에 보이지 않는 추상적인 개념을 구체적인 대상으로 나타내는 거랍니다. 예를 들어 '비둘기'라는 구체물로 '평화'라는 추상적인 개념을 표현할 수 있지요. '반지'라는 구체물로 '약속, 결혼, 사랑'과 같은 추상적인 생각을 표현할 수도 있고요. 시에서는 '비둘기', '반지'와 같은 구체물만 드러나는데, 이것이 의미하는 추상적인 생각은 여러분이 문맥의 흐름과 작품의 주제나 분위기를 고려하여 생각해 봐야 한답니다. 위의 시에서 '긴긴밤', '끝없는 터널'은 진주의 건강 상태가 나빠진 절망적인 상황을 의미하겠지요? '검은 그림자'는 '죽음' 등을 의미할 테고요. '무지개'는 '희망'을 뜻합니다.

☞ 이처럼 운율, 비유, 상징을 잘 활용한다면 보다 창의적이고 좋은 시가 탄생할 수 있겠지요?

※ 참고 ※ 여기서 잠깐, 학생이 작성한 예시 자료를 참고해 보아요!

제시어	비유의 종류	학생들의 비유 표현
스마트폰	직유법	• 마치 바닷속 미역 줄기처럼 날 붙잡고 놔주지 않는 스마트폰 • 공기같이 나에게 소중하고 없어서는 안 될 스마트폰
방학		• 아이스크림처럼 빨리 사라져 버리는 방학 • 물에 닿은 솜사탕처럼 녹아 버린 방학
시험	은유법	• 시험은 나에게 끝없이 상처를 주는 칼이다. • 시험은 끊임없이 비 내리는 장마이다.
내 방		• 내 방은 나의 오랜 추억들이 가득한 앨범이다. • 내 방은 나와 언제나 붙어 지내는 반대편 자석이다.
책	의인법	• 책이 내 머릿속에서 춤을 춘다.
이불		• 이불은 내가 포근하게 잠들도록 노래 부른다.

활동 4 비유를 활용하여 등장인물의 성격 표현하기

• 『고양이의 날』(이현)에 나오는 등장인물의 성격을 여러 가지 비유적 표현을 활용하여 창의적으로 표현하고, 그렇게 표현한 이유를 적어 봅시다.

등장인물	비유적 표현	표현한 이유
잿빛 줄무늬 고양이		
검은 고양이		
하얀 고양이		
왕초 고양이		

노란 줄무늬 고양이		

※ 참고 ※ 여기서 잠깐, 학생이 작성한 예시 자료를 참고해 보아요!

등장인물	비유적 표현	표현한 이유
잿빛 줄무늬 고양이	고양이의 눈을 발견한 잿빛 줄무늬 고양이는 새로운 삶을 시작하는 여행자이다.	잿빛 줄무늬 고양이가 고양이의 눈을 깨닫고 살아갈 힘을 얻었기 때문에 새로운 삶을 시작할 수 있고, 인생의 여행을 시작할 수 있기 때문이다.
	잿빛 줄무늬 고양이는 퍼즐을 맞추듯이 나무를 올랐다.	자신이 지금까지 수행하지 못한 것, 잃어버린 조각들을 찾아서 자신의 본모습을 찾아 완벽히 성장할 수 있도록 도전하므로 퍼즐을 맞춘다고 표현했다.
	잿빛 줄무늬 고양이는 사탕을 먹기 위해 껍질을 하나하나 벗기듯 나무 위로 한 발 한 발 올라갔다.	사탕을 먹기 위해서 껍질을 벗겨야 하듯이 잿빛 고양이도 고양이의 눈을 얻기 위해서 나무 위로 올라갔기 때문이다.
	실패하더라도 도전하는 잿빛 줄무늬 고양이는 오뚜기처럼 다시 일어난다.	오뚜기는 아무리 쓰러져도 다시 끝없이 일어나기 때문에 도전에 실패하더라도 끝없이 일어나는 잿빛 고양이가 생각났다.
	잿빛 줄무늬 고양이는 한 개씩 쌓아가는 벽돌집같이 나무 위로 한 발 한 발 올랐다.	벽돌집은 벽돌을 한개 한개 쌓아야 벽돌집이 완성되는 것처럼 잿빛 줄무늬 고양이도 경험을 하나하나 쌓아야 독립에 성공한 고양이가 되기 때문이다.
	잿빛 줄무늬 고양이는 그 누구도 눈길을 주지 않는 건물 사이에 피어난 장미처럼 빛났다.	건물 사이에 피어난 장미는 누가 보호해 주지 않아도 오로지 스스로의 힘으로 악착같이 살아간다. 잿빛 고양이도 결국 스스로 성장하고 용기를 내는 모습이 비슷하다.

등장인물	비유적 표현	표현한 이유
검은 고양이	검은 고양이는 넘어지지 않는 단단한 벽돌처럼 잿빛 고양이를 구경만 하고 있었다.	검은 고양이는 쥐 새끼 한 마리가 주차장으로 오기만 해도 숨통을 끊어 놓던 인물인데 이상하게도 잿빛 고양이가 위태롭게 나무 위로 올라가는 것을 구경만 하는 게 단단한 벽돌 같아서이다.

	검은 고양이는 모든 것을 발견하게 하는 신비한 거울이다.	이 인물은 작품을 계속 읽을수록 배울 점이 강한 부모이고, 자세한 장점까지 하나하나 보이는 특징이 있어서 거울에 빗대었다.
	다정했던 검은 고양이는 흐르는 용암이 빠르게 식는 것처럼 잿빛 고양이에게 차가워졌다.	흐르던 용암이 빠르게 식으면 단단해지고 차가워지는데, 다정했던 검은 고양이가 잿빛 고양이에게 차갑게 변한 것이 비슷하다.
	검은 고양이는 독립을 앞둔 잿빛 고양이에게 꼭 필요한 빨간펜이다.	빨간펜은 중요한 것에 밑줄을 치고 알려주며 틀린 것을 고쳐주기 것인데, 검은 고양이가 잿빛 고양이에게 틀린 시선을 고쳐 주고 고양이의 눈을 알려 주며 이별은 새로운 시작이라는 것을 알려 주어서이다.

등장인물	비유적 표현	표현한 이유
하얀 고양이	갈기 없는 사자 같은 하얀 고양이	아무리 사자여도 갈기가 없으면 사자라고 인정받지 못한다. 하얀 고양이도 길고양이로 살아갈 능력이 없다.
	정이 많고 아름답지만, 겁이 많은 하얀 고양이는 아직 밖을 보지 못한 어항 속 금붕어이다.	하얀 고양이가 검은 고양이를 자기 영역에 있을 수 있도록 보듬어 주던 장면, 하얀 고양이가 예쁘다는 장면, 하얀 고양이가 인간의 손에 길러졌다는 장면을 보니 하얀 고양이가 아직 세상 밖으로 나가지 못한 어항 속 금붕어 같다는 생각이 들어서이다.
	잿빛 고양이 곁에서 하얀 고양이는 언제나 햇살을 비추는 태양처럼 지켜준다.	검은 고양이와 잿빛 고양이가 싸웠을 때, 잿빛 고양이 곁에서 하루도 빠짐없이 따뜻하게 혀로 털 손질하는 것이 햇살을 비추는 것 같다.

등장인물	비유적 표현	표현한 이유
왕초 고양이	왕초 고양이는 매정한 호랑이처럼 아무런 고민도 없이 달려들어서 와들와들 떠는 새끼를 밀어 버렸다.	왕초 고양이는 새끼에게도 정말 매정하고 사납기 때문에 호랑이가 생각나서이다.
	왕초 고양이는 자기 영역만 중요한 고집불통 어린아이이다.	왕초 고양이는 자기 영역을 지키기 위해서 무엇이든지 하고 영역에 대한 고집이 강해서 고집이 센 어린아이에 비유하였다.
	왕초 고양이는 성을 지키는 용감한 기사 같다.	성이 영역이고 기사는 왕초 고양이인데, 왕초는 자신의 영역에 들어오면 죽을힘을 다해 쫓아가기 때문에 성을 지키는 기사 같아서이다.

	왕초 고양이는 지하던전 드래곤처럼 자신의 영역을 상대에 맞서 지킨다.	왕초는 최종 보스인 던전의 드래곤처럼 강하고 고양이 중에 꼭대기에 있다. 또 하얀 고양이, 검은 고양이, 잿빛 고양이가 자신의 영역에 침범한 걸 보고 포효하며 매섭게 뒤를 쫓아간 것이 자신의 던전에 들어오면 공격하는 최종 보스 드래곤 같아서이다.

등장인물	비유적 표현	표현한 이유
노란 줄무늬 고양이	컨테이너 지붕 위에서 노란 줄무늬 고양이는 바람에 흔들리는 종이처럼 힘없이 떨어졌다.	왕초 고양이가 컨테이너 지붕 위에서 밀었을 때 힘없이 떨어지는 모습이 바람에 흔들리는 종이처럼 보여서이다.
	두려움을 이겨내고 놀이터를 정복한 노란 고양이는 마침내 계곡물을 거슬러 이겨낸 연어이다.	노란 줄무늬 고양이는 결국 독립하여 자신의 영역을 찾아 놀이터를 지키는 멋있는 결과를 얻어 냈기 때문이다.
	노란 줄무늬 고양이는 미운 오리 새끼처럼 어미를 닮지 않았다.	왕초 고양이의 자식들은 왕초를 닮아 강하지만 노란 줄무늬 고양이는 다른 형제들과는 다른 미운 오리 새끼처럼 어릴 때 겁도 많고 약해서이다.
	노란 줄무늬 고양이는 높은 산을 천천히, 그러나 끝까지 올라가는 등산가이다.	어릴 때 겁이 많아 어미인 왕초 고양이에게 떠밀려서 떨어졌지만, 성장하여 결국 자신이 다스리는 영역을 갖추는 모습이 산을 끝까지 등산하는 등산가와 비슷해서이다.

18차시

호기심 찾아 지식을 넓히는 샛길 조사 활동

『고양이의 날』(이현)을 읽으면서 궁금해서 조사해 보고 싶은 내용이 있을 거예요. 이번 시간에는 여러분의 호기심을 찾아 샛길 활동을 천천히 해 봅시다.

- 『고양이의 날』(이현)을 감상하면서 궁금했던 샛길 질문이나 조사해 보고 싶은 탐색 주제, 또는 (친구들과) 체험하고 싶은 활동을 적어 봅시다.
- 아직 여러분 스스로 샛길 활동의 주제를 정하기 어렵다면 활동 1, 2, 3에 대해 선생님이 제시한 〈예시〉 중 한 가지씩 선택해 봅시다.

활동 1	'영역'과 관련한 샛길 조사

〈예시〉

- 하마, 늑대, 강아지 등 영역 동물의 예 알아보기
- 고양이를 영역 동물로 분류할 수 있는 이유 조사하기
- 고양이의 영역싸움 특징 알아보기
- 여러 동물들의 다양한 영역표시 방법 조사하기
- 야생동물의 생태계와 영역의 중요성 알아보기
- 국가 영역의 정의 정리해 보기
- 우리나라와 다른 나라의 영역표시 방법의 차이점과 공통점 비교하여 설명하기

활동 2	등장인물 '고양이'에 대한 샛길 조사

〈예시〉

- 고양이의 의사소통 방법 조사하기
- 세계 고양이의 날에 대해 날짜, 지정하게 된 이유나 유래 등 알아보기
- 고양이들이 스트레스를 받을 때 하는 행동 조사하기
- 길고양이와 집고양이의 다양한 측면에서의 차이점, 평균수명 등 비교하여 설명하기
- 길고양이의 하루 일과 기록하기
- 고양이가 좋아하는 냄새, 음식, 행동 찾아보기
- 사람과 고양이의 사춘기 행동 측면에서의 공통점과 차이점 조사하기
- 전 세계 5%만 존재하는 흰색 고양이의 비밀 네 가지 찾아보기
- 고양이 혀의 특징과 비밀 설명하기
- 고양이가 좋아하거나 싫어하는 집사의 행동 정리하기

활동 3	등장인물들 간의 관계나 주제인 '성장'과 관련된 샛길 조사

〈예시〉

- 청소년의 자립을 위해 필요한 것
- 독립의 필요성과 건강한 독립을 위해 가져야 할 자세
- 사춘기 부모와 자녀 간의 지혜로운 의사소통 방법
- 다양한 자녀 양육 방식과 각 방식의 장점과 단점
- 요즘 청소년들의 자립심과 독립심의 실태 조사하기
- 타인에게 의존하는 성향의 사람들이 가진 특징 찾아보기
- 부모와 자식 간의 건강한 거리 유지를 위해 필요한 것은 무엇인지 생각해 보기
- 우리나라 30대 캥거루족의 의존적 특징과 심리상 조사하기
- 청년이 되어도 독립하지 못하는 현대인에 대한 기사나 칼럼 찾아보기
- 10대가 중요하게 생각하는 도전과제가 무엇일지 고민해 보기

• 여러분이 정한 〈샛길 조사〉의 내용을 요약하여 정리해 봅시다.

[도움말]

☞ 소설을 읽다 보면 등장인물의 상황과 관련된 중심 사건이나 작품에 등장하는 소재 등 독자의 궁금증을 유발하는 것들이 있어요. 그것은 작품을 읽으면서 더 찾아보고 싶은 정보나 시대적 특성과 풍습일 수도 있고, 작품 전체를 관통하는 배움의 키워드일 수도 있답니다. 학생들이 소설을 즐겁게 읽을 수 있는 방법 중 하나는 다양한 지점에서 멈추게 하는 호기심을 지나치지 않고 함께 찾는 샛길 조사 활동을 하는 거예요. 단 친구들에게 소개할 만한 의미 있는 정보와 배움이어야 하고, 핵심 정보를 요약해야겠죠?

19차시

성장 경험 글쓰기

부제 : 잿빛 줄무늬 고양이에게 '고양이의 날'이 있듯이
나에게도 '○○○의 날'이 있어!

지금까지 단편소설『고양이의 날』(이현)을 천천히 깊게 슬로리딩하면서 '성장, 자립, 도전, 용기'에 대해 여러 활동을 거쳐 생각해 보았습니다. 잿빛 고양이에게 '고양이의 날'이 있듯이 여러분 각자에게도 '○○○의 날'이 있을 거예요.

자신의 생각과 경험을『고양이의 날』(이현)과 관련지어 글로 표현해 봅시다.

활동 1	'고양이의 날'은 잿빛 줄무늬 고양이에게 어떤 날일까?

- 이 소설의 제목은 '고양이의 날'입니다. '고양이의 날'은 잿빛 고양이에게 어떤 날일까요? 제4장, 제5장에 나오는 잿빛 줄무늬 고양이의 도전, 용기, 성장의 순간과 관련지어 구체적으로 적어 봅시다.

활동 2	나를 한 단계 성장하고 자립하게 한 용기와 도전의 순간

• 잿빛 줄무늬 고양이에게 '고양이의 날'이 있듯이, 나를 한 단계 성장하고 자립하게 한 용기와 도전의 순간을 떠올려 봅시다.

활동 3	성장과 자립의 순간이라고 생각한 이유

• 그 경험이 여러분에게 성장과 자립의 순간이라고 생각하는 이유는 무엇인가요?

활동 4	성장의 경험으로 깨달은 점

• 그 경험으로 여러분은 무엇을 깨닫고 느끼게 되었나요?

활동 5	잿빛 줄무늬 고양이와 나의 성장 경험을 비교하기

• 소설 『고양이의 날』(이현)의 잿빛 줄무늬 고양이와 여러분은 성장의 경험과 관련지어 어떤 점에서 닮았나요? 또는 어떤 점에서 다른가요?

활동 6	내가 생각하는 성장과 자립

• 여러분이 생각하는 성장과 자립은 어떤 모습인가요? 그렇게 생각하는 이유는 무엇인가요?

활동 7	더욱 성장하고 자립할 나를 위한 실천과제 3가지

• 어제의 '나'보다 더욱 성장하고 자립할 내일의 '나'를 위해 도전하고 실천해야 할 3가지가 있다면 무엇일까요? 구체적으로 적어 봅시다.

실천 1	
실천 2	
실천 3	

※ 참고 ※ 여기서 잠깐, 학생이 작성한 예시 자료를 참고해 보아요!

조용히 스며들고 소리없이 물드는 달팽이교실의 배움 <김민정 선생님> 용상여자중학교 1학년 (4)반 (7)번 이름(김현아)

이 경험으로 내가 깨달은 점은

[배움 활동 4]

그 경험으로 여러분은 무엇을 깨닫고 느끼게 되었나요?

4문단 하지 못할 것 같은 일이지만 내가 노력하고 그 일에 대해 시간과 정성을 투자한다면, 세상에 못하는 일은 없을 것이다. 그 당시에 내가 성장할 수 있도록 최선을 다하며 도와주신 선생님에게 정말 감사하고 고마우며 성장을 이룬 내 자신이 정말 대견하고 멋지다. 잿빛 고양이와 나의 성장은 닮은 점이 있을까?

[배움 활동 5]

소설 '고양이의 날'의 잿빛 고양이와 여러분은 성장의 경험과 관련지어 어떤 점에서 닮았나요? 또는 어떤 점에서 다른가요?

5문단 잿빛 고양이는 자신이 하지 못하던 일을 스스로 해내며 성장했다. 이러한 점이 잿빛 고양이와 나의 공통된 성장의 순간이 아닐까? 나는 온전히 나만의 힘으로 성장을 해낸 건 아니지만 잿빛 고양이와 공통점이 있다고 생각한다. 그렇다면 내가 생각하는 성장은 어떠한 모습일까?

[배움 활동 6]

여러분이 생각하는 성장과 자립은 어떤 모습인가요? 그렇게 생각하는 이유는 무엇인가요?

good!

6문단 내가 생각하는 성장이란 통통 튀는 공이다. 왜냐하면 세게 튕기면 튕길 수록 높은 곳으로 올라가는 게 노력하면 할 수록 더 높은 곳으로 올라가는 것과 비슷하다고 생각하기 때문이다. 공도 튕기면 튕길 수록 높은 곳으로 올라가고 노력도 하면 할 수록 높은 곳으로 갈 수 있는게 서로를 닮은 것 같다. 그래서 나는

[배움 활동 7]

어제의 '나'보다 더욱 성장(자립)할 내일의 '나'를 위해 도전, 실천해야 할 세 가지가 있다면, 무엇일까요? 구체적으로 적어 볼까요?

7문단 오늘의 내가 어제의 나보다 더욱 더 성장하기 위해 난 세 가지의 노력을 할 것이다. 첫째, 적어도 하루에 영어 단어를 두 개 이상은 외우겠다. 둘째, 방 청소, 책상 청소 같이 직접 할 수 있는 것은 직접 하겠다. 셋째, 학원 숙제, 학교 숙제는 미루지 않고 늘 꾸준히 하겠다. 앞으로 이 세 가지의 실천 약속을 지키며 어제의 나보다 더욱 성장한 내가 되겠다.

조용히 스며들고 소리없이 물드는 달팽이교실의 배움 <김민정 선생님> 웅상여자중학교 1학년 (4)반 (7)번 이름(김현아)

[1-1국어] 1. (3) 감동과 즐거움을 주는 글쓰기	'고양이의 날'을 읽고, 성장 경험 글쓰기

관련 성취기준	[9국03-05] 자신의 삶과 경험을 바탕으로 하여 독자에게 감동이나 즐거움을 주는 글을 쓴다.
배움 활동	잿빛 고양이에게 '고양이의 날'이 있다면, 나에겐 'OOO'의 날이 있어!
핵심 질문	'고양이의 날'의 잿빛 고양이처럼 도전과 용기로 성장한 경험을 어떻게 글로 표현해 볼까?

달팽이교실 2023-06-10 김민정쌤

제 목	나의 성장을 도운 김현아의 날.

[배움 활동 1]

이 소설의 제목은 '고양이의 날'입니다. '고양이의 날'은 잿빛 고양이에게 어떤 날일까요?
4장, 5장에 나오는 잿빛 고양이의 도전, 용기, 성장의 순간과 관련지어 구체적으로 적어봅시다.

1문단 잿빛 고양이에게 자신의 고양이 날이란 성장의 순간을 이루는 말이다. 하지 못했던 일을 성공한 잿빛 고양이에게 이보다 멋진 날은 없을 것이다. 그렇다면 김현아의 날은 어떨까?

2년 전 두려워서 용기내지 않았던 일을 나의 의지로 스스로 해내고 성장한 날이다.

[배움 활동 2]

잿빛 고양이에게 '고양이의 날'이 있듯이, 여러분을 한 단계 성장하고 자립하게 한 용기와 도전의 순간을 떠올려 봅시다.

언제, 어디서, 어떻게 일어난 일인가요?	**2문단** 2년 전 5학년이 끝날 때 5학년 교실에서 마지막으로 겪은 일이다. 원래는 글을 잘 쓰지도, 좋아하지도 않았는데. 그 당시 선생님의 도움 덕분에 글을 꾸준히, 많이 썼더니 어느새 내가 쓴 일기와 시, 주장하는 글, 식물 일기 같은 여러 가지의 글들이 함께 모여 하나의 책이 되어 있었다. 글을 많이 쓰지 않았다고 생각했는데, 내가 1년동안 꾸준히, 조금씩 쓴 글들이 ~~책으로 나와~~ 책으로 다시 나에게 오게 정말 신기했고, 선생님께 감사한 마음이 들었다.

[배움 활동 3]

그 경험이 자신에게 성장(자립)의 순간이라고 생각하는 이유는 무엇인가요?

good!

3문단 그 당시에 선생님의 도움 덕에 성공한 건 맞지만, 원래 글을 잘 쓰지 못하는 나였기 그 책에 내가 쓴 시와 일기, 주장하는 글 같은 여러 가지의 글이 한 곳에 모여 하나의 책이 만들어진 걸 보니 나도 이렇게 할 수 있는구나.를 느껴서 이것이 나의 성장의 순간이라고 생각한다.

조용히 스며들고 소리없이 물드는 달팽이교실의 배움 <김민정 선생님> 웅상여자중학교 1학년 (4)반 (1)번 이름(강소정)

[1-1국어] 1. (3) 감동과 즐거움을 주는 글쓰기		'고양이의 날'을 읽고, 성장 경험 글쓰기
관련 성취기준	[9국03-05] 자신의 삶과 경험을 바탕으로 하여 독자에게 감동이나 즐거움을 주는 글을 쓴다.	
	배움 활동	잿빛 고양이에게 '고양이의 날'이 있다면, 나에겐 '○○○'의 날이 있어!
	핵심 질문	'고양이의 날'의 잿빛 고양이처럼 도전과 용기로 성장한 경험을 어떻게 글로 표현해 볼까?

달팽이교실 2023-06-10 김민정쌤

※ 여러분은 한 학기 동안 단편소설 '고양이의 날'(이현)을 천천히 깊게 슬로리딩하면서 ***'성장, 자립, 도전, 용기'***에 대해 여러 활동을 거쳐 생각해 보았습니다. 잿빛 고양이에게 '고양이의 날'이 있듯이 여러분에게도 ***'○○○의 날'***이 있을 거에요. 아래의 항목들이 포함되도록 자신의 생각과 경험을 '고양이의 날'과 관련지어 글로 표현해 봅시다.

- 자신을 한 단계 성장하고 자립하게 한 용기와 도전의 순간은? (언제, 어디서, 어떻게 일어난 일인지)
- 그 경험이 자신에게 왜 성장의 순간이라고 생각하는가?
- 그 경험으로 무엇을 깨닫고 느꼈는가?
- 자신이 생각하는 성장과 자립은 무엇인가? 그렇게 생각하는 이유는?
- 어제의 '나'보다 더욱 성장(자립)할 내일의 '나'를 위해 도전, 실천하고 싶은 세 가지가 있다면?

※ 각 문단의 처음은 한 칸 비우고 쓸 것(총 5개 이상의 문단을 작성할 것)

제 목	성장은 퍼즐이다!

① 잿빛 고양이에게 있었던 '고양이의 날'은 잿빛 고양이가 살면서 처음으로 나무를 타고 올라가 뿌듯함과 짜릿함을 느끼고 나무를 탈 수 있는 능력을 가지게 된 날이다. 잿빛 고양이에게 '고양이의 날'이 있었던 것처럼 나에게도 성장의 순간이 있었던 것 같다. (새로운 도전을 시작하게 된 계기 (내용이 바뀌므로)) 나는 중학교에 올라오고 나서 학교에서 열리는 대회에 참가를 많이 하고 있다. 원래는 용기를 내지 못하고 그런 대회에 잘 참가하지 못했었는데, 중학교에 올라와서 (어떠한 계기였는지 좀더 구체적으로 언급하면 좋음) 갑자기 해보고 싶은 마음이 들어 학예대회에 참가하게 되었다. 그런데 그렇게 대회에 참가하고 나니 열심히 했다는 생각에 스스로 뿌듯함과 성취감이 느껴졌다. 그래서 그 뒤로 여러 대회에 적극적으로 참가해보고 있다.

② 내가 그 순간이 성장의 순간이라고 생각되는 이유는, 내가 그렇게 대회에 참가하고 난 뒤로 어떤 일에 도전할 수 있는 용기가 생겨나게 되었기 때문이다. 잿빛 고양이가

조용히 스며들고 소리없이 물드는 달팽이교실의 배움 <김민정 선생님> 웅상여자중학교 1학년 (4)반 (1)번 이름(강소정)

용기를 내어 처음으로 나무 타기에 도전해서 성취감과 뿌듯함을 느낀 게 잿빛 고양이의
'고양이의 날'이었던 것 처럼, 나도 용기를 내어 대회에 도전하고 성취감, 뿌듯함을
느끼게 되었으므로 그 일이 나에게 있었던 성장의 순간 중 하나라고 생각한다.

③ 내가 그 경험으로 인해 깨달게 된 점은, 도전이라는 것이 아주 중요한 것이라는
깨달음을 얻게 되었다. 원래는 대회라던지 다른 것들에 도전한다는 것에 관심이 없고
용기도 없었는데 그렇게 한 번 대회에 참여하고 나니까 도전해서 얻게 되는
성취감과 뿌듯함을 느끼게 되었고, 도전을 하면 내가 예전보다 한 단계 더
성장하게 된다는 깨달음을 얻게 되었다.

④ 잿빛고양이의 성장의 날과 나의 성장의 날은 조금 비슷한 면이 있는 것 같다.
나와 잿빛고양이 둘 다 무언가를 도전했다는 점이 비슷하다. 보통 무언가를 도전했을 때
성장을 많이 하는 것 같다. 성장을 무언가에 비유해서 표현해보자면, 내가 생각하는
성장은 퍼즐이다. 퍼즐을 완성하기 위해서는 한 조각 한 조각을 준비해서 칸에다가
맞추어야 한다. 한 조각 씩 맞춰나가야 완성이 되는 퍼즐처럼, 성장도 조금 씩
경험을 쌓으면서 마지막에는 '완성된 퍼즐' 처럼 '완성된 나'가 되는 것이
성장 같다는 생각이 든다.

⑤ 아까 내가 '보통 도전을 했을때 성장을 한다'고 적었었다. 그래서 성장하기 위해
도전할 일들 3가지를 적어보겠다. 첫 번째는 일주일에 두 번 1시간씩 일본어 공부를 하는
것이다. 두 번째는 일주일에 한 번씩 내가 관심있는 직업 한 가지에 대해
꼼꼼히 조사해보는 것이다. 마지막 세 번째는 일주일에 한 번 이상은 꼭 1시간 이상
운동을 하러가는 것이다. 3가지 모두 사소한 도전들이지만, 모두 내가 성장할 수 있고
미래에 도움이 되는 일들이다. 그래서 앞으로 이 일들을 꼭 실천하기 위해 노력해야
겠다. 그리고 앞으로 내가 성장하는 '강소정의 날'을 많이 만들어야겠다.

20차시

등장인물 집중탐구

『고양이의 날』(이현)을 감상한 후, 등장인물의 상황에 대해 더 깊이 이해할 수 있는 활동으로 등장인물에게 시 처방전 선물하기 활동을 구상했습니다. 작품 속 등장인물 중에서 한 인물을 선택하여 다음 활동들을 해 봅시다.

활동	등장인물 집중탐구 : ○○고양이가 알고 싶다

• 여러분이 선택한『고양이의 날』(이현)의 등장인물은 누구인가요?

• 여러분이 선택한 등장인물의 특징을 정리해 봅시다.

[도움말]

☞ 여기서 정리하는 등장인물의 특징은 성별이나 다른 등장인물과의 관계 등 작품에 나타난 객관적인 정보를 적으면 됩니다.

☞ 예를 들면, 잿빛 줄무늬 고양이는 암컷이며, 태어난 지 오 개월 접어든 독립을 앞둔 고양이라는 점, 어미가 검은 고양이라는 점 등을 적을 수 있겠네요.

• 여러분이 선택한 등장인물의 성격과 그렇게 생각하는 근거를 정리해 봅시다.

성격	근거

[도움말]

☞ '착하다', '나쁘다'는 등장인물의 성격에 적합한 표현이 아니므로 '친절하다', '상냥하다', '계획적이다', '매정하다', '정이 많다', '신중하다', '겁이 많다' 등 구체적으로 표현해 봅시다. 성격을 제시하더라도 추측이나 짐작으로 대략 설명하지 않고, 반드시 '○쪽의 ~한 행동이나 말을 보면, ☆한 성격임을 알 수 있다.' 등으로 제시하는 것을 추천드립니다.

☞ 예를 들면, '검은 고양이는 125쪽에서 잿빛 고양이가 반갑게 코를 비볐지만, 뒤도 돌아보지 않고 가 버린 행동으로 보아 매정한 성격이다.' 등을 적을 수 있겠지요.

• 등장인물과 관련된 의미 있는 장면이나 대사를 찾고, 그렇게 생각하는 이유를 정리해 봅시다.

의미 있는 장면이나 대사	이유

[도움말]

☞ 단순히 인상적인 장면과 그 이유를 정리하는 것이 아니라, 자신이 분석할 등장인물과 관련된 상황이나 그 등장인물의 말과 행동 등을 중심으로 정리하도록 해요.

☞ 예를 들면, '결말에 검은 고양이는 잿빛 고양이와 헤어질 때, 새끼의 뺨에 얼굴을 비볐는데 그 장면이 인상적이었고, 그 이유는 검은 고양이가 잿빛 고양이를 잘 키워 내기 위해 지금까지 냉정하게 굴었지만, 사실은 잿빛 고양이를 아끼는 어미로서의 사랑이 잘 느껴졌기 때문이다.' 등으로 작성할 수 있겠군요.

• 여러분이 선택한 등장인물과 자신이 닮은 점, 또는 닮고 싶은 점을 작품 내용과 관련지어 정리해 봅시다.

[도움말]

☞ 등장인물과 자신이 닮은 점 또는 닮고 싶은 점을 생각하는 과정에서 여러분들이 작품에 깊이 몰입하고 자신의 삶을 돌아보는 계기가 될 수 있답니다. '작품은 작품이고, 나는 나'라는 별개의 인식이 아닌, 작품에 나타난 등장인물의 삶과 상황을 여러분과 연결하도록 돕는 활동이라고 생각하면 되겠습니다. 이를 통해 작품 감상은 물론이고 삶의 문제로 연결하면서 내면화하는 계기가 되지요.

☞ 예를 들면, 잿빛 고양이의 도전을 보며 자신도 어려운 과제를 회피하지 않고 도전하고 실천하는 삶을 닮고 싶을 수도 있고, 하얀 고양이의 자식에 대한 사랑을 보면서 자신도 주변 사람들에게 다정하고 친절해야겠다고 생각할 수도 있지요. 왕초 고양이의 영역 침범에 대한 민감성을 보면서 자신의 방에 가족들이 함부로 들어오는 것이 불편하고 침범당한다는 기분이 들어 공감할 수도 있겠군요.

※ 참고 ※ 여기서 잠깐, 학생이 작성한 예시 자료를 참고해 보아요!

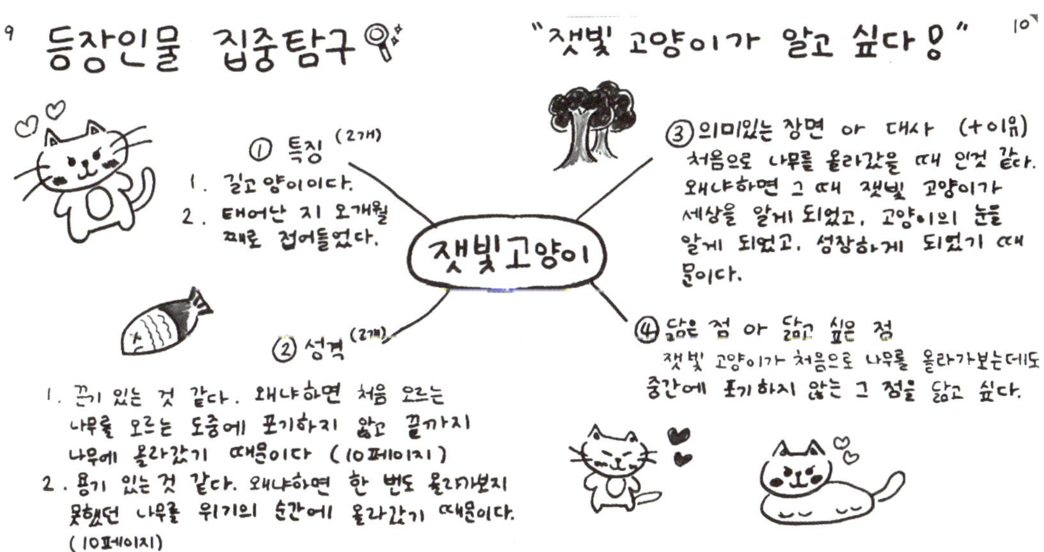

등장인물 집중탐구

1) 특징

01. 잿빛 고양이의 엄마이자 하얀고양이의 아내이다.
02. 새끼들을 잃고 잿빛고양이 한 마리만 살아있다.

검은고양이

2)성격

01. P5) 냉철하고 차가운 것 같다.
02. P10) 도전적이고 치밀한 성격인 것 같다.

01. 하얀고양이와 잿빛고양이를 다정하게 챙기지 않고 하얀고양이를 가차 없이 떨어버리는 검은 고양이의 모습을 보니 냉철하고 차가운 것 같다.

02. 하나 남은 새끼에게 '고양이의 눈'을 주기 위해 왕초고양이의 영역에 침범하고 치밀하고 현명하게 계획하는 검은 고양이를 보니 도전적이고 치밀한 것 같다.

9

"검은 고양이가 알고싶다"

3) 의미 있는 장면과 대사

'나는 이제 떠나야지' 어미는 목을 아래로 숙여서 따스한 혀로 잿빛고양이의 이마를 핥아 주었다. ⇒ 잿빛고양이 에게

↳ '고양이의 눈'을 알려주고 심지어는 자신의 영역까지 내준 검은 고양이의 희생정신이 대단함을 알려주고 잿빛고양이를 정말 사랑하고 아낀다는 것을 표현하는 내용이라 매우 의미 있는 것 같다.

4) 닮은점과 닮고 싶은 점

하나뿐인 새끼를 위해 노력해서 멋진 성장을 선물한 검은고양이 처럼 나도 누군가에게 '고양이의 눈'과 같은 멋진 성장을 선물하는 사람이 되고 싶다.

잿빛고양이에게 검은고양이가 '고양이의 눈'을 선물하는 장면

10

21차시

등장인물에게 시 처방전 선물하기

활동	등장인물에게 추천하는 시 처방전 필사하기

• 분석한 등장인물에 대한 정보를 바탕으로 ○○고양이에게 하고 싶은 말을 작품 내용과 관련지어 조언, 격려, 위로를 담아 편지 형식으로 작성해 봅니다.

[도움말]

☞ 작품 내용과 관련짓지 않은 채, 조언과 격려 등을 편지로 쓴다면, 누구에게나 해당하는 내용이 될 거예요. 반드시 ○○고양이의 작품 속 특정 상황과 관련지어 언급하면서 조언, 격려, 용기를 줄 수 있는 편지를 작성해 보도록 합니다.

• 여러분이 편지를 쓴 ○○고양이에게 선물하고 싶은 시를 여러 시집이나 인터넷 매체를 활용하여 찾아 그대로 필사하고, 그 시를 선물하는 이유를 정리해 봅니다.

추천하는 시 필사하기	등장인물의 상황과 관련하여 추천하는 이유

[도움말]

- 등장인물에게 선물하는 시를 고를 때는 등장인물의 어떤 상황에 어떤 이유로 필요한지 그 이유를 생각해 볼 필요가 있습니다.
- 예를 들어, 검은 고양이에게 선물하고 싶은 시로 나태주의 '필연'을 필사한 후, 이 시를 선택한 이유로 검은 고양이와 하얀 고양이의 만남도 우연이 아닌 필연일 수 있으며, 검은 고양이가 하얀 고양이를 조금 더 다정하고 소중하게 대해 주길 바라는 마음에서 조언하고 싶다고 할 수 있어요. 잿빛 고양이에게 선물하고 싶은 시로 나태주의 '응원'을 하고, 이 시를 선택한 이유로 잿빛 고양이가 독립하는 상황에서 새로운 시작을 맞이하면서 힘내어 지치지 않길 바라는 마음을 전하고 싶다고 할 수도 있겠고요. 하얀 고양이에게 나태주의 '혼자서'를 필사하고 하얀 고양이가 영역 밖으로 쫓겨난 후, 혼지서 지신의 영역올 다시 찾아가는 과정이 힘들 것 같아 응원하는 마음으로 선택할 수도 있습니다.

※ 참고 ※ 여기서 잠깐, 학생이 작성한 예시 자료를 참고해 보아요!

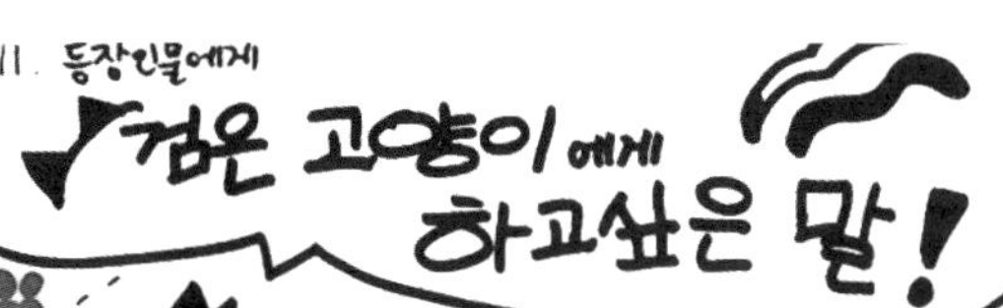

To. 검은 고양이

안녕, 검은 고양이야! 나는 너의 행동이 정말 대단하고 멋지다고 생각해. 오로지 자식을 위해 하얀고양이와 사투를 벌이고, 왕초에게 쫓기면서까지 잿빛고양이와 성장을 불러낸 힘이 정말 닮고 싶기까지 해. 한편으론, 잿빛고양이를 제외한 작은 아이들이 무지개를 건너 다른 세상으로 떠나버린게 마음이 아파. 너 혼자 얼마나 힘들었을지 상상도 못하겠어. 그래도 잘 극복하고 잿빛 고양이를 잘 키워 다행이야. 나도 마지막 부분에서 잿빛고양이 대신이라도 네가 남길 바랐는데, 이제는 너가 남은 시간을 모두 네 시간으로 보냈으면 좋겠어. 차분하고 여유롭지만 대단한 일을 해낸 검은 고양이야, 행복해져!!

12 시 처방전 선물하기

검은 고양이에게 선물하고 싶은 "시"!

멀리 소식

• 나태주

자주 연락 안 하고
문자 안 해도
잘 있는 줄 알게

잘 지내고 있는 너
잠시 보았으니
마음이 놓여

문득 반갑고 기쁘게
다시 만날 날이
있기를 바라

잘 있으렴
잘 지내렴
좋은 세상과 함께

나도 네 생각
놓치지 않고

잘 견딜게.

잿빛고양이를 떠난 검은 고양이가 잿빛고양이를 그리워 하며 하는 말 같아서 이 시를 선택했다. 이미 독립해버렸고 제 스스로 선택한 길이지만, 부모와 자식의 정으로 당연하게도 그리워할 날이 있을 것 같다. 꼭 만날 날이 왔으면 좋겠다.

11 등장인물에게

"검은 고양이에게 하고 싶은 말"

안녕, 검은 고양이야! 너의 여행은 어떻게 되가고 있니?? 나는 너의 이야기를 책으로 읽었어. 너가 잿빛 고양이를 위해서 많은 위험을 무릅쓰고 고양이의 눈을 알려준 것이 정말 인상깊었어. 너는 정말 진정한 '엄마'야. 하지만 너가 한 행동이 정말 최선이였을까? 하는 의문도 들어. 다음부터는 조금 더 부드러운 어메니가 되어줘. 너도 사랑하는 잿빛 고양이에게 차갑게 대하기 힘들었을텐데.. 너를 본적은 없지만 너의 사랑이 느껴져. 이제부터는 너만을 위해서 살길 바래. 너의 미래가 찬란하길 바래!! 영원히 응원할게 :)

시 처방전 선물하기 12

"검은 고양이에게 선물하고 싶은 시"

오늘부터 나는
너를 위해 기도할 거야.
네가 바라고 꿈 꾸는 것을
이룰 수 있도록
그날이 올 때까지
기도하는 사람이 될거야.

함께 가자
지치지 말고 가자
먼 길도 가깝게 가자

끝까지 가보자

그 길 끝에서
웃으면서 우리 만나지
약속하며 하늘을
올려다보자.

검은 고양이가 지금까지는 잿빛 고양이를 위해 살았다면, 이제는 오직 자신을 위해, 살 곳을 마련하고 웃으며 살길 바래서 그 여정을 응원하기 위해 선택함

22차시

등장인물에게 시 처방 음원 선물하기

활동 1	등장인물에게 선물하는 시 처방전 창작하기

- 이전 시간에 여러분이 각자 분석한 ○○고양이의 작품 속 상황을 1가지 구체적으로 선택해 봅니다.

- 선택한 ○○고양이의 상황을 다시 꼼꼼히 읽어 봅니다.

- 선택한 ○○고양이의 상황을 반영하여 시로 표현해 봅니다. (3연 이상, 총 8행 이상)

[도움말]

☞ 시집의 시에 나오는 시구절을 참고하여 모방하거나 여러분이 창작하는 것도 좋습니다. 『고양이의 날』(이현)의 특정 장면에 사용된 표현을 일부 활용하는 것도 가능합니다. 시를 창작하는 것이니 시의 특성상 특정 단어나 음운, 구절 등을 반복하여 운율감을 형성하면 좋겠지요? 그리고 여러분이 배운 비유와 상징을 적절히 활용한다면 더없이 훌륭한 시가 창작될 겁니다.

※ 참고 ※ 여기서 잠깐, 학생이 작성한 예시 자료를 참고해 보아요!

[노란 고양이에게 선물하는 시 처방전 창작시 학생 작품]

나의 성장

김효미

몇 번이나 쿵하고 떨어져도
심장이 쿵하고 떨어져도
난 날 찾고 싶었어

어렸을 적엔 약한 내가 미웠어
어렸을 적엔 나 포기할까 생각하기도 했어

이제야 알았어

내가 떨어지는 것은
날고 있는 거란 걸

이제야 알았어
나의 모습을 드러내는 법을

이제야 알았어
나도 무언가를 지킬 수 있단 걸

이제는 엄마가 나를 밀었던
컨테이너 위가 더 이상 두렵지 않아

이제는
나의 영역이 생겼어

이제는
나 스스로 나아갈 수 있어

예전처럼 두렵지 않아

나의 놀이터에서 노는 아이들처럼
활짝 웃어 보이겠어

[하얀 고양이에게 선물하는 시 처방전 창작시 학생 작품]	
오늘의 너, 내일의 너 주소연 안녕 오늘의 너 평소처럼 다정한 너 유독 누군가에게 다정한 너 너는 왜 다정하려나 다정하면 사랑을 받으려나 잘 가 오늘의 너 언제나 다정한 너	검은 고양이에게 압박당할 때도 잿빛 고양이가 걱정될 때도 늘 변함없던 너 힘내 오늘의 너 아무리 조바심이 들어도 침착하게 가 보자 오늘도 내일도 웃으며 힘내자 반가워 내일의 너

활동 2	생성형 AI를 활용하여 음원 제작하기

- 앞선 활동들과 연계하여 생성형 AI(Suno)를 활용하여 음원을 제작해 봅시다.
- Suno AI 음원 생성 사이트를 활용하여 구글 계정으로 무료 가입을 한 후, 차례대로 입력해 봅시다.
  1) ○○ 등장인물에게 선물하는 창작시를 가사로 입력하기
  2) 창작시와 어울리는 음악을 한글로 입력하기 (예) 조용하고 평화로운 느낌의 발라드

※ 참고 ※ 여기서 잠깐, 학생이 작성한 예시 자료를 참고해 보아요!

[학생 음원 창작 사례 QR코드]

23차시

성장캠프 프로그램 제안서 작성하기

'내 삶의 주인'으로 살아간다는 것은 어떤 뜻일까요?

『고양이의 날』(이현)을 감상한 후, 청소년의 자립심과 도전 의식을 키우기 위해 어떤 노력이 필요할까요? 여러분이 스스로 만든 성장캠프 프로그램을 제안해 보는 것은 어떨까요?

어른의 시각과 입장에서 제공한 성장캠프 프로그램이 아니라, 학생들이 직접 자립심과 도전 의식을 함양하기 위해 스스로 어떤 인식과 경험이 필요한지 생각해 보는 과정 자체가 '성장'이 아닐까요?

활동 1	체크리스트를 통해 나의 성장 의식 확인하기

• 여러분의 성장 의식을 다음의 체크리스트를 통해 확인해 봅시다.

순	내용	점수 (O 표시)				
1	나는 누가 '시켜서'가 아니라, 나 '스스로' 판단해서 행동, 실천한 적이 있다.	5	4	3	2	1
2	나와 부모님의 의견 차이로 갈등이 생겼을 때, 부모님의 의견을 무조건 수용하기보다 부모님을 설득하기 위해 근거를 찾는 등 노력한 적이 있다.	5	4	3	2	1
3	나는 어려운 일이 생겼을 때, 누군가에게 도움을 구하거나 의지하기보다는 실수하고 실패하더라도 스스로 해결하려고 노력하는 것이 중요하다고 생각한다.	5	4	3	2	1
4	나는 실패하더라도 포기하지 않고 끝까지 도전하며 노력한 적이 있다.	5	4	3	2	1
5	나는 부모님이 '시켜서'가 아니라, '스스로 하고 싶어서' 시작한 일들이 있다.	5	4	3	2	1
6	나는 서툴더라도 남에게 의존하기보다 내가 헤쳐 나가는 삶을 살고 싶다.	5	4	3	2	1

• 여러분의 성장 의식을 확인할 체크리스트를 2개 더 추가해 만들어 봅시다.

순	내용	점수 (○ 표시)				
1		5	4	3	2	1
2		5	4	3	2	1

활동 2	청소년의 자립심과 도전 의식을 키우는 성장 캠프 프로그램 제안

20○○년 ○월, 1박 2일의 일정으로 우리 학교에서 청소년들을 대상으로 하는 '성장 캠프'가 열린다면, 청소년의 자립심과 도전 의식을 키우기 위해 어떤 프로그램 개설을 제안할 수 있을까?

• 설문조사, 관련 기사문, 인터넷 검색자료 등을 활용하여 위의 주제와 관련된 현황, 문제점, 원인 등을 정리해 봅니다.

자료조사 1	자료조사 2

[도움말]

☞ '성장캠프'에 개설하기 희망하는 프로그램을 제안하기 위해서는 그 프로그램이 왜 필요한지 근거가 필요하겠지요. 청소년들의 자립심, 도전 의식과 관련된 인식을 설문으로 조사하거나, 청소년들에게 건강한 도전과제의 필요성, 중학생의 의존성 실태조사와 그 원인 등을 조사할 수도 있습니다. 또는 다양한

캠프 프로그램의 현황을 조사할 수도 있고요. 여러분이 그 프로그램을 제안하는 이유 등을 찾는 것도 가능하답니다. 단, 조사한 자료의 출처는 밝혀야겠습니다.

• 자료조사를 바탕으로 여러분이 제안하고 싶은 프로그램과 그 이유를 정리합니다.

프로그램 이름	세부 운영 방식	제안하는 이유

※ 참고 ※ 여기서 잠깐, 학생이 작성한 예시 자료를 참고해 보아요!

프로그램 이름	세부 운영 방식	제안하는 이유
넌 할 수 있어! 포춘쿠키 만들기	• 응원과 위로, 격려의 말을 종이에 적는다. • 포춘쿠키를 만들어, 그 속에 응원 종이를 넣는다. • 쿠키들을 섞고 무작위로 쿠키를 고른다. • 쿠키를 먹으면서 자신에게 주는 위로, 응원의 말을 읽으며 '할 수 있다'는 생각을 다져 본다.	공부나, 학업 스트레스로 인해 지친 청소년들에게 응원의 포춘쿠키를 만들며 응원과 위로, 격려의 말을 읽고, 스스로 할 수 있다는 생각을 다지며 성장을 위한 바탕을 만들어 주기 위해서 제안한다.
나를 찾는 밸런스 게임	• 성장캠프 참여자들을 대상으로 밸런스 게임 1을 진행한다. (예) 외출할 때? 바다 vs 산 • 밸런스 게임1에서 각자 선택한 장소로 직접 가서 1시간 동안 할 미션을 제공한다. • 미션을 완성한 후, 다시 돌아와서 밸런스 게임 2를 진행한다. (예) 밥을 먹을 때? 짜장면 vs 짬뽕 • 밸런스 게임 2에서 선택한 메뉴를 참가자들과 함께 먹는다.	요즘 청소년들은 친구에게 자신의 의견을 표현하는 것에 서툴다. 그저 남의 의견을 따르면서 자신의 목소리를 드러내지 않는 것 같다. 이대로 간다면 미래에는 자신의 생각 따위는 없이 누군가의 지시에 끌려다니기만 할 수 있어서 청소년인 지금부터 사소한 의견이라도 자신의 목소리를 내며 의견을 제시하는 연습이 필요하다고 생각해서 제안한다.

자존감 향상 명언 책갈피 만들기	• 자존감을 향상시키는 데 도움이 되는 명언들을 찾는다. • 그 명언들을 책갈피에 캘리그라피 형식으로 적는다. • 자신이 자주 사용하는 곳 옆에 붙여 두고 자주 볼 수 있게 한다. • 모둠 친구들에게 하나씩 선물할 수도 있다.	요즘 청소년들은 자존감이 대체로 낮은 것 같다. 특히 중고등학생은 학업 스트레스, 교우관계로 더욱 심하다. 도전 의식을 갖게 하려면 자존감부터 회복하는 과정이 필요해서 이 프로그램을 제안한다.
관심 분야 직업 찾기	• 자신의 관심 분야를 찾는다. • 관심 분야가 비슷한 친구들끼리 모둠을 만든다. • 관심 분야와 관련된 직업을 조사한다. • 그 직업군의 사람들을 조사하고, 면담 질문을 만든다. • 성장캠프에서 학생들의 직업인 면담 질문을 모아 멘토와의 만남을 진행하거나 답변을 받아 제공한다. • 멘토와의 만남 이후 자신의 꿈을 에코백에 꾸미고 발표한다.	요즘은 학생들이 자신이 무엇을 잘하는지, 좋아하는지도 모르고 끌려다니는 것 같다. 자신의 장래 희망으로 무엇을 할지 모르겠다는 청소년들이 20~30%나 되는 것을 보면 알 수 있다. 그래서 이런 프로그램을 통해 자신의 꿈과 직업에 대한 관심을 갖게 하고, 도전하려는 의지를 자극시킬 수 있다.
미니어처 내 집 마련	• 성장캠프 참여자들에게 미니어처로 집을 만들 가상의 화폐와 예산을 배부한다. • 예산을 계획하고, 캠프에서 제공하는 재료들을 가상의 화폐로 구입한다. • 참가자의 희망에 따라 개인별, 짝, 모둠별로 미니어처 내 집을 실제로 만들고, 경제적이고 합리적으로 예산을 사용한 내용을 발표한다. • 가장 합리적인 예산 사용 참여자와 최고의 미니어처를 투표하여 시상한다.	일정한 예산을 경제적이고 합리적으로 사용할 수 있는 경험을 주고, 자신의 집을 실제로 만드는 과정에서 자립심을 길러 줄 수 있다.
3만 원의 행복	• 모둠별로 3만 원의 예산을 받고, 식사 메뉴를 의논한다. • 장보기에 필요한 예산을 효율적으로 계획한다. • 캠프 장소 근처에서 장을 보고 직접 요리한디. • 모둠별로 예산 사용과 요리 방법, 참여 소감을 발표한다. • 캠프 참여자 모두가 시식회를 열고 함께 식사한다.	학교와 학원 등을 다니다 보면 집에서 청소년 스스로 요리할 수 있는 시간과 기회가 적다. 부모님께 의지하지 않고 친구들과 협력해서 3만 원이라는 예산을 효율적으로 사용하고, 요리하면서 자립심을 키울 수 있어서 이 프로그램을 제안한다.

※ 이 도서를 구입한 독자 중 학교 선생님들께는 수업을 위해 1차시~23차시에 집필한 활동지를 아래 비공개 밴드를 통해 한글 파일로 제공합니다. 학생 작성 예시 및 사진, 도움말 등은 도서를 통해 직접 확인해 주시기 바랍니다.

https://band.us/n/acaab4N7L9g5c